MUSTAFA KAYA

SİZE BİR SIR VERECEĞİM

ÇAĞRI: UMRE GECESİ SIR RÜYA

FENOMEN
KİTAPLAR

FENOMEN
KİTAPLAR

Fenomen Kitaplar : 011
Türk Edebiyatı : 10

SİZE BİR SIR VERECEĞİM...
ÇAĞRI: UMRE GECESİ SIR RÜYA
MUSTAFA KAYA

Genel Yayın Yönetmeni : *Osman Sezgenç*
Editör : *Yasemin Nasır Erbek*
Sayfa Tasarımı : *Emrullah Coşkun*
Kapak Tasarım : *Emir Tali*

Basım : 2017
ISBN : 978-605-4688-23-4

YAYINEVİ SERTİFİKA NO: 24408

Basım ve Cilt: MY Matbaa
Davutpaşa Cd. Maltepe Mh. Yılanlı Ayazma Yolu
No:8 K.:1 D.:2 Zeytinburnu - İstanbul
Tel : 0212 674 85 28
Matbaa Sertifika No: 34191

FENOMEN KİTAPLAR
Cevizli Mah. Fatih Cad. Atilla Sok. No: 1
Maltepe / İSTANBUL
Tel: 0 216 442 16 42 Fax: 0 216 442 16 42
www.fenomenkitaplar.com / info@fenomenkitaplar.com

Mustafa Kaya

Size Bir Sır Vereceğim

Çağrı: Umre Gecesi Sır Rüya

FENOMEN
KİTAPLAR

BİSMİLLAHİRRAHMANİRRAHİM

Sonsuz semaları masmavi bir nur ile dolduran ALLAH'a hamdolsun.

Ruhu nur âleminin ebediliği içinde aziz olan ALLAH'ın Resulüne ve ona inananlara salât-ü selâm olsun.

Sonsuz salavat incilerinin dizileriyle, nihayetsiz selam cevherleri Muhammed Mustafa'nın feyizlere açık ruhuna, hikmetlere açık göğsüne saçılsın... Gündüz parladıkça, güneş âlemi aydınlattıkça, ruhu rahmet ve semalara gark olsun... Tertemiz ehl-i beyt'e selam olsun.

Bu kitabı asla okudum anladım diyerek sahaflara satmayınız. Kolaylıkla ulaşabileceğiniz, yüksek bir yerde muhafaza ediniz. Kütüphanenizde tutunuz. Bir süre sonra tekrar okuyunuz. Zira sırlar zamanla açılır. Bazı şeyler tekrar tekrar okuyunca daha iyi anlaşılır. Belli olmaz kitapta gizlenmiş ufak bir ayrıntıyı yirmi yedinci kez okurken fark eder ve anlarsın. İçerisindeki sır belki üçüncü okuyuşunuzda, belki on birinci okuyuşunuzda, belki yirmi yedinci okuyuşunuzda, belki de kırkıncı okuyuşunuzda açılır. O sır, hemen açılmaz. Belki yıllar sonra… Belki de bir gece göreceğin rüya ile.

Öyle hemen bir şeyler olacak diye düşünme. Çünkü bu düşünce büyük bir fırsatı kaçırmana sebep olur. Zira ***Size Bir Sır Vereceğim*** roman serisi ile artık vakti saati geldiği için sırlar açılıyor.

Kendine kırk gün süre tanı. Tabii romandaki istenilenleri yaptıktan sonra…

Bu romanda özellikle gizlenmiş sırlar var. Aslında iyi bir okuyucu için çokta gizlenmiş değil bu sırlar. İlk okuyuşunda tarafsız bir okuyucu ol. Ama ikinci kez okuyuşunda romandaki ana karakter Tekin'in yerine kendini koyarak oku. O karaktere bürün ve normal hayatında romanda öğrendiklerini uygula.

Okuyacak olduğunuz roman gerçek bir hayattan kurgulanmıştır. Bu romanda bahsi geçen kişilerden henüz yaşamakta olanların adları bir sebep mucibince değiştirilmiştir. Yine aynı sebepten meslekleri ve şirketlerinin adları da değiştirilmiştir.

Okuyucu bilmelidir ki kitabın içinde bir sır vardır. Bu sır, romanın bir yerindedir. Bu sır hayatında değişiklik yapmak isteyen, bir kapıdan geçmek isteyenlere ithaf olunur.

Romanın içerisinde İslam'ın bazı yasaklarının aslında hangi güzelliğinin ve hangi inceliğinin üzerinde bir örtü olduğunu hayretle fark edeceksiniz.

Kitabın içerisindeki koku bahsini zaman içerisinde hayatınızın olağan akışında düşünmeye çalışın. Bir koku duyduğunuz anda bu sırrı düşünmeye çalışın. Ve çözmeye gayret edin. Roman karakterlerinin Amerika'da bir lokanta önünde çözmeye çalıştıkları sırrı, siz her koku duyduğunuz anda çözmeye çalışın. Sırrı keşfedin…

Bu roman değişik ve özel bir tarzda yazılmıştır. Romanın sonundaki gizemin ya da sorunun cevabı, ortalarda bir yerde gizlidir. Baştaki bir açıklama sonlardaki bir gizemin parçasıdır. Bu şekilde olmasının sebebi vardır. Değerli okuyucu bunu zamanla anlayacaktır. Fetih kapılarını açmak isteyen kişi roman içerisindeki hayret verici sırları düşünmelidir.

Romanda bazı sırlar bir cümle içerisinde verilmiştir. Okuyucu bunları bulup üzerinde düşünmelidir.

Size Bir Sır Vereceğim... On bir serilik bir romandır. Serinin ilk kitabı olan, *Umre Gecesi Sır Rüya,* kitabıyla birlikte romanın Facebook sayfasını da takip ederseniz daha iyi sonuçlar elde ettiğinizi göreceksiniz. Romanın internet ve Facebook sayfalarından zaman içerisinde yapılacak paylaşımlarla farklı bir âlemin kapılarını aralayacağız.

Bu roman serisinin her bir kitabında *rüyalar* âlemi, *imkân* âlemi hakkında yeni sırlar, yeni metotlar öğreneceksin.

Bu roman rüyalar âleminin ve gerçekte yaşadığımız şu âlemin aslında ne olduğunu fark ettirme amacındadır. Zamanla esas amacı unutulan *"Umre"* ibadetinin insan hayatındaki muhteşemliğe açılan bir kapı olduğunu fark ettirme amacındadır.

Umre gecelerinde görülecek bir rüya ile yaşamın farklı bir boyutunu fark edecek olanlara selam olsun.

Lüks masanın karşısındaki güleç yüzlü genç adam, oldukça heyecanlı bir şekilde fikrini arkadaşlarına anlatıyordu.

"Beyler ülkemizin sözü dinlenen bir devlet olması için zenginleşmesi şart. Zenginleşmek ve refah seviyesini arttırmak için, artık ileri teknoloji firmalarına yatırım yapılması lazım. Gelişmiş teknoloji şirketleri bu işin olmazsa olmazı konumunda. Güney Kore yaptığı yatırımların meyvesini başta Samsung gibi firmalarla almaya başladı. Bizim ülkemiz emlak üzerine dayalı rantiyeyi benimsedi. Rantiyecilikle bu işin sonu faciaya varacak. Bir an evvel, mutlaka dünya çapında ses getirecek ileri teknoloji cihazlar üreten yerli firmalar oluşturulmalı ve bunlar desteklenmeli."

Hararetli konuşmasına kısa bir ara verdi, gökdelenlerden oluşan New York'un muhteşem gece manzarasına bakarak kahvesinden bir yudum içti.

Hemen karşılarındaki gökdelenleri eliyle işaret ederek; "Biliyorsunuz bu memleketteki şu malum teknoloji firmalarından sadece bir tanesinin değeri İstanbul Menkul Kıymetler Borsası'ndaki tüm şirketlerden daha fazla. Eğer rantiyecilikle bu işi götürmeye kalkarsan sonuç bu olur zaten!" dedi.

Konuşmasını hüzünlü bir şekilde sonlandırmışçasına sustu. Masadaki arkadaşları hak verdiklerini belli ederek başlarını sallıyorlardı. Hak vermemek elde değildi. Sonuçta karşılarında konuşan, son dönemde Amerikan finans çevrelerinde adı *Müthiş Türk*'e çıkmış genç yatırım uzmanı Mehmet Sancaktar'dı. Otuzlu yaşların ortalarında olmasına rağmen Wall Street'in en çok kazandıran borsa uzmanlarından biriydi.

Mehmet kahvesinden bir yudum aldı. Masada duran telefonunun ekranına parmağıyla dokunarak sayfalarda geziniyor, bir şey arıyor gibiydi.

Bir süre sonra aradığını bulmuş olacak ki "Beyler ülkemiz hakkındaki son raporumda, verilerle birlikte bu durumdan bahsettim. Bakın kısaca size de özetleyeyim." diyerek hararetli konuşmasına devam etti.

"Ülkemiz her yıl, dört yüz otuz iki ton demir satıyor, karşılığında ise bir ton ilaç alıyor. Ya da şöyle diyeyim, altı yüz yetmiş tır demir satıp bir tır cep telefonu alıyor. İki bin seksen sekiz tır krom cevheri satıp bir tır aşı alıyor. Yirmi beş tır mermer satıp bir tane tomografi cihazı alıyor. İki bin altı yüz on iki tır çimento satıp bir tır bilgisayar alıyor.

Çimentonun kilosu yaklaşık on dört kuruş, bilgisayarın yaklaşık sekiz yüz altmış lira. Beş, altı ton buğday satıp bir kilo uçak yedek parçası alıyoruz. Üç, dört ton domates satıp yedi kilo domates tohumu alıyoruz. Yaklaşık iki liraya, bir kg patlıcan satıp patlıcan tohumunun kilosuna yaklaşık on dört bin iki yüz elli lira ödüyoruz.

1990 yılında, Çin 4,3 milyar dolar, Kore 10,9 milyar dolar, Türkiye ise sadece 100 milyon dolar yüksek teknolojili ürün ihracı yapmaktaydı. Şimdi Çin 457 milyar dolar, Kore 122 milyar dolar, Türkiye 1,9 milyar dolar yüksek teknoloji ihracatı yapıyor." diyerek telefonunu tekrar masaya bıraktı.

"İşte durum böyle olunca da ne dünyada sözün dinlenir ne de başka bir şey olur. Biz sadece kendimizi avutuyoruz. Sonuçta az önce söylediğim gibi karşımızda görünen gökdelenlerdeki malum teknoloji şirketlerinden sadece bir tanesi, İstanbul Menkul Kıymetler Borsası'ndaki tüm şirketlerin toplamından daha büyük oluyor. Ve teknoloji böyle giderse sonuçlar faciaya varacak ülkemiz açısından!" diyerek sustu.

Masaya bıraktığı kahve fincanını eline aldı. Dalgın, sinirli bir halde karşısındaki Manhattan'ın ışıltılı manzarasına bakarak kahvesini içmeye devam etti.

Kısa süren sessizliğin ardından masanın diğer ucundaki Erdal konuşmaya başladı.

"Bence her ülkenin kendine özgü dinamikleri var. Dediklerine aynen katılıyorum Mehmet. Ama teknoloji yatırımı, artık bazı ülkeler bu kadar ileriye gitmişken kalkınma için riskli bir model olur. Bizim ülkemizin en büyük dinamiği, sahip olduğu yer altı madenleri. Bunları çok iyi işletebilse, ham madde olarak dünyaya sunmak yerine onları işleyerek, geliştirerek dünyaya satabilse Türkiye'nin refah seviyesi çok daha yükseklere çıkar. Mesela bor madenimiz. Dünya rezervlerinin çoğu ülkemizde. Bu madeni işlenmemiş olarak yok pahasına dünya pazarlarına satacağımıza, işlesek, geliştirilip ürün elde edilmesi için ARGE yatırımları yapsak ve bordan yeni ürünler oluştursak çok daha fazla döviz geliri elde ederiz."

"Ali bey, telefonda sizinle görüşmek isteyen bir bey var, lobiden yönlendirmişler efendim..."

Büyük bir nezaketle konuşan Press Lounge'nin genç garsonu, bir anda masanın yanında belirmişti. Garsonun masaya gelmesiyle, estetik cerrah Erdal Öztürk'ün konuşması sona ermiş gibiydi.

Ali kibarca müsaade isteyerek telefonla görüşmek için masadan ayrıldı. Uzun yıllar önce Amerika'ya gelmiş genç bir girişimciydi. Bulundukları mekânın alt katlarındaki otelde fitness salonu işletiyordu.

Vatanlarından binlerce kilometre uzakta olan bu beş gurbetçi adam, cumartesi akşamları şehrin eşsiz manzarası eşliğinde bir araya gelerek yemek yiyip hasret giderirken ekonomi ve ülke meselelerinden konuşuyorlardı.

Burası New York'ta son dönemlerde adından sıkça söz ettiren Press Lounge'ydi. 653 11th Avenue'deki Ink 48 Otel'in en üst katında bulunan ve muhteşem New York manzarasına sahip, görülesi bir mekân... Press Lounge'nin bunca sevilip tercih edilmesinin en önemli sebebi kuşkusuz muhteşem manzarasıydı.

Press Lounge'nin oldukça pahalı ama ona değecek lezizlikteki menüsünden seçtikleri yemeklerin ardından kahvelerini yudumluyorlardı.

Ali'nin masadan ayrılmasıyla kısa bir süreliğine duraksayan, ülkenin nasıl daha ileriye gideceğine dair yapılan sohbet, "Çok affedersiniz malum işler. Evet, ne diyorduk, nerede kalmıştık?" diyerek masaya geri dönmesiyle kaldığı yerden devam edecek gibiydi.

"Bence her ikisini de bir arada yapmalı artık. Madencilikte dediğine aynen katılıyorum." diyerek Mehmet'e baktı. Konuşmaya başlayan Nevada senatörü Maccayn'in danışmanlığını da yapan, avukat Barış Tunabeyli'ydi.

"Aynı şekilde ileri teknoloji firmaları oluşturma fikrine de katılıyorum." diye sözlerini devam ettirdi.

"Ama öncelikle zihniyetin değişmesi gerekir beyler. Halkın eğitilmesi hem de iyi eğitilmesi gerekir." diyerek arkadaşlarına baktı.

Masadakiler, *doğru* dercesine başlarını salladılar.

Hakan, "Bir adam çıkar, her şey değişir. Unutmayın bir şey

değişir, her şey değişir. Halkı iyi ya da kötü yönde değiştirecek, tek bir adamdır." diyerek sohbete katıldı.

Hakan'ın sözlerinde mesleğinin getirdiği incelikler vardı. Ünlü bir reklam şirketinin gelecek vaat eden orta düzey yöneticisiyken istifa ederek ayrılmıştı. Bir arkadaşıyla birlikte Nobulstar Reklamcılık ve Yatırım Danışmanlık adında kendilerine ait bir şirket kurmuşlardı. Şirketleri kısa süre içerisinde sektörde adından söz ettiren bir firma haline gelmişti. Oldukça başarılı işlere imza atıyorlardı. Masadaki diğer arkadaşları Hakan'ın ortağı için *gizemli adam*, diyorlardı kendi aralarında. Reklam dünyasının altın çocuğu Hakan Güçlüsoy ele avuca sığmayan bir kişilikti. Ta ki şu an ortağı olan Tekin ile tanışana dek...

Hakan'ın son bir yıldır hızlı bir değişim içinde olduğunu masadaki herkes kabul ediyordu. İlk zamanlar neredeyse hiçbir değişiklik yoktu hayatında. Sadece işinden ayrılmış ve Tekin ile birlikte şirket kurmuşlardı. Tek değişiklik bu gibi görünüyordu. Yine diskoların gece davetlerinin aranılan, neşeli adamıydı. Görünüşte ortağı Tekin'in de ondan kalır yanı yoktu. New York gecelerinde çoğunlukla birlikte boy gösteriyorlardı. Bununla birlikte Hakan'da bariz değişiklikler olmaya başlamıştı. Masadaki arkadaşları tarafından bu durum gayet açık bir şekilde fark ediliyordu. Vazgeçemediği viskiye ve yemeklerde içtiği kaliteli kırmızı şaraba dokunmaz, adlarını dahi anmaz olmuştu. "Oğlum, diskoda nasıl eğleniyorsun, içmeden?" diyenlere, "İçiyorum ya!" diyerek elindeki meyve suyunu gösterip o neşeli kahkahasını atıyordu. Konuşmalarında artık derin tasavvufi kelimeler de oluyordu. Beş vakit namazını kılmaya çalıştığını da biliyorlardı. Aralarında *The İmam,* diye lakap takmış, ara sıra takılır olmuşlardı.

Hakan'daki bu değişikliklerin sebebi olarak, kendi aralarında gizemli adam diye konuştukları ortağı, Tekin'i görüyorlardı. Ne kadar uğraşsalar da davet etseler de Tekin onların arasına pek karışmamıştı. İşlerinin yoğunluğu nedeniyle bu cumartesi toplantılarına katılamıyordu. Tekin, bazen ayın yarısını Türkiye'de, yarısını Amerika'da geçiriyordu. Arkadaşları bu durum için, "Senin ortak bu gidişle jet lag olacak oğlum!" diyerek Hakan'a takılıyorlardı. Tekin ile şirketlerini kuralı iki yıldan fazla olmasına rağmen Press Lounge'deki geleneksel hale gelen bu sohbetli akşam yemeklerine çok az katılmıştı. Tekin, neredeyse her konu hakkında konuşabilecek bilgi birikimine sahip gibi görünüyordu. Meşhur cumartesi akşamı buluşmalarına belki beş, altı defa gelmişti ama geldiği akşamlarda onunla yaptıkları sohbetlerin tadına doyamamışlar, o yemeklerde sabaha karşı Press Lounge'den ayrılmışlardı.

Bugün masada beş kişi değillerdi. Altıncı bir kişi daha vardı. Hepsinin çok saygı duyduğu Hulusi amcaları...

Hulusi Bey yetmiş yedi yaşındaydı. Saçları bembeyaz, tonton bir dede gibi görünüyordu. Uzun yıllar önce doktora için Amerika'ya gelmiş, üniversitede başarılı çalışmaları sonrasında gelen tekliflere hayır diyememiş ve doktorluk hayatını Amerika'da devam ettirmişti. Masadakiler, Ali'nin ani başlayan ağrıları sonrasında Amerika'da Türk doktor arayışları neticesinde

Hulusi Bey'le sekiz ay önce tanışmışlar, hemen aralarında kaynaşmışlardı. Hulusi Bey de onlara derin bir hasret ve muhabbetle karşılık vermişti. Tanıştıklarından beri Press Lounge'deki buluşmalara iştirak etmeye çalışıyordu. Konuşmalarında bazen dinle ilgili müthiş nitelikte ince sırlar oluyordu. Hulusi Bey çok iyi bir din eğitimi almıştı. Bunu masadakiler gayet iyi biliyordu. Gençliğinde mahallelerindeki camide tanıştığı bir âlimden yıllarca eğitim görmüştü. Çok değerli tasavvuf önderlerinin sohbetlerinde bulunmuştu. Özellikle, *size bir sır vereceğim* dediği zaman ya o çok merak ettikleri hocasından ya da o dilinden düşüremediği dostundan öğrendiği öyle müthiş bir bilgi veriyordu ki, duyanlar hayretler içerisinde kalıyor, günlerce o konu konuşuluyordu. Bir keresinde de yanında getirdiği *Ney*'e üflemiş, Press Lounge yemek sırasında çaldığı klasik müziği kısa süre sonra kesmek zorunda kalmıştı. Çünkü diğer masalardaki herkes kendinden geçmişçesine onların masasını dinlemeye başlamıştı. Hulusi Bey, Ney'i dudaklarından çektiğinde Press Lounge alkıştan çınlıyordu.

Hulusi Bey mütebessim şekilde masadaki konuşmaları dinliyordu. Kahvesinden son yudumu aldıktan sonra konuşmaya dâhil oldu.

"Gençler sizlerin bu halinizi görmek inanın beni çok mutlu ediyor. Okyanus ötesindeki memleketiniz için kafa yoruyorsunuz. Hepiniz burada Türkiye adına lobicilik yapıyorsunuz. Tanıtım için ne varsa yaptığınız yetmez gibi her hafta toplanıp burada ülke meselelerini konuşuyorsunuz. Sizlerle konuştukça içim ferahlıyor, mutlu oluyorum. Hocamın söylediklerini de hatırladıkça ümit var oluyorum.

Anlıyorum, ülkemizin daha çok sözü geçen bir ülke olmasını istiyorsunuz. Her biriniz vatanınızdaki yakınlarınızın, insanlarınızın daha huzurlu daha müreffeh yaşamasını arzu etmektesiniz. İnşallah o günler yakın ama biraz üzüntüler ve çokça acılar çekecek gibiyiz. Hazırlıklı olmak gerek." dedi.

Hulusi Bey'in sözlerinden sonra buz gibi bir hava esmişti. Dini konularda muhteşem ötesi sırlı bilgiler veren birisinden bu sözleri duymak masadakileri belli ki ürkütmüştü. Durumu anlamış olacak ki devam etti.

"Hocamın dediği zamanlar yaklaşıyor gibi maalesef. Ama inanın bana, ülkemiz sadece bir fetret devrinden geçecek. Sonunda bu üzerimize serpilmiş ölü toprağını da atarak o sıkıntılı günleri aşacağız. Ve hiç ummadığınız derecede ülkemiz yükselecek. Hocam demişti..." diyerek gülümsedi.

Masadakiler konuşmanın devam etmesini bekleyerek bakıyorlardı.

Sessizlik olunca Hakan; "Hulusi Amca meraklandırdınız bizi, rica etsek devam etseniz konuşmaya. Hocamın dediği zamanlar yaklaştı dediniz, sıkıntılı günler dediniz. Bir mahzuru yoksa anlatabilir misiniz? Hocanız, ülkenin geleceği hakkında neler söyledi?" derken aslında diğerlerinin de düşüncelerine sözcü olmuştu.

Hulusi Bey zaman zaman hocasının anlattıklarından bahsediyordu. Bunlar özellikle din ile ilgili hayret verici mevzular oluyordu. Tasavvufi sırlar barındıran o bilgiler İslam'ın inceliklerini gözler önüne seriyordu. Özellikle de *size bir sır vereceğim iyi dinleyin*, diye başlayan konuşmalar öyle tasavvufi sırlar, öyle dini incelikli sırlardı ki duyan mest oluyordu. Bu şekilde size bir sır vereceğim, diye konuşmaya başladığı bazı zamanlarda dostum dediği bir âlimin anlattıklarından bahsetse de o dostun, ne adını söylemişti ne de hakkında konuşmuştu. Hocası hakkında da pek bir şey anlatmazdı. Sorduklarında, gözleri sanki hemen ağlayacak bir çocuk gibi sulanır, kendisini zorlukla tutar ama sadece "Hocam çok mübarek bir insandı." derdi. Ağlayacak hale geldiği için daha fazla üsteleyemezlerdi.

Merakla Hulusi Bey'in konuşmasını bekliyorlardı. Din konusunda inanılmaz şeyler söyleyen Hulusi Bey'in hocası acaba ülkenin geleceği hakkında ne söylemişti?

Hulusi Bey, karşıdaki gökdelenlere bakıyor gibi olsa da aslında bakışları donuklaşmış, gözleri yaşarmıştı. Belli ki yine hocasını hatırlamıştı.

Yüzünde mütebessim bir ifadeyle, sesi hafif titreyerek konuşmaya başladı.

"Hocam, Hulusi oğlum hiç merak etme, bu ülke yeniden o eski güçlü günlerine dönecek. Yine cihana nam salan bir devlet olacak ama öncesinde çok mühim hadiseler olacak, demişti. Merak ettim saygıyla sordum.

'O hadiseler, nasıl olaylar acaba hocam?'

Hocam biliyordu benim mehdi bekleyişimi ve hayranlığımı. Daha gençtim. Olgunlaşmamıştım. Hocamla tanışalı henüz bir yıl olmuştu. Aynı sizin şu haliniz gibi memleketimin, ülkemin çok güçlü olması hayalleriyle yaşıyordum. O yüzden etraftan *mehdi gelecek* hikâyelerini dinledikçe coşardım.

Hocam anlamıştı bu heyecan içerisinde ve beklentiyle sorduğumu.

'O beklediğin hadiseden çok önce, hüzünlü ve acı olaylar olacak sonra ise çok güzel olacak. Onlardan sonra ancak senin beklediklerin olur amma onlarda hayallerin gibi mi gerçekleşir bilemem. Bu yıllardan sonra Rusya çok zora düşecek, dağılacak hatta yıkılır gibi olacak ama sonra hızla toparlanıp güçlenecek. Kimse onların ne kadar güçlendiğini anlamadan sorunlar çıkacak Avrupa ve Rusya birbirine girecek. Avrupa harap olacak.'

Bunları duyunca çok şaşırmıştım. Büyük bir merakla hemen;

'Hocam, biz ne olacağız? Ülkemiz ne olacak?' diye sordum. Zira hocam bu tarz gelecekle ilgili pek bilgi vermezdi.

'Öncesinde birçok sorunlar yaşandığı için zaten Avrupa ile bizim ülke arasında o vakitler pek bir bağ kalmamış olacak. Ülkemiz çok fazla savaşın içinde yer almayacak kısmi zararlar olacak, dendi bana. O acı olaylar yaşanmaya başladığı zaman Ruslar kısa süreyle İstanbul'u işgal edecekler.' diye cevap verdi, canım hocam.

Bu sefer de İstanbul'un işgale uğrayacağını duyunca moralim bozularak;

'Hocam İstanbul nasıl işgal edilir? Peygamberin fetih müjdesi şehrimizi, Fatih Sultan Mehmet'in emanetini koruyamayacak mıyız? Ruslar nasıl işgal eder İstanbul'u?' diye sormuştum. Hocam oldukça celalli bir kişiydi. Bana sertçe baktı.

'Hulusi, bak evladım bunları bana hocam söylemişti. Ben ondan duyduklarımı sana söyledim. Hem Muhyiddin-i Arabi'nin kitabını aç, oku orada var demişti. Hocam kaybolduktan sonra hemen koşarak kütüphanemden Muhyiddin-i Arabi hazretlerinin dediği kitabını buldum. Orada yazıyordu. Rusların altı ay İstanbul'da kalacaklarını ve bu sürenin sonunda İstanbul'u terk edeceklerini yazıyordu.' dedi.

Korkmuştum söylediklerinden hocamın. Hem hocam, kolay kolay kendi hocasının dediklerinden bahsetmezdi. Biliyordum onun hocasının kim olduğunu. Benim en büyük arzum hocama dersler veren, sırlar anlatan hocasıyla karşılaşmak, onunla yolculuk etmekti."

Son cümleleri söylerken yüzünde buruk bir ifade vardı. Hulusi Bey'in ülkenin geleceği hakkında anlattığı sırlara odaklanmış olsalar da en son söylediği kelimeler çok garipti.

Kısa süren sessizliğin ardından konuşmaya devam etti.

"Hocam da fark etmişti korktuğumu. Gülümseyerek yüzüme baktı.

'Allah ne takdir etmişse onu yaşayacağız. Takdir ezelde olmuş bitmiş.' dedikten sonra gülümsemeye devam ederek, 'Kederlenme sonrası çok iyi, çok! Ülkemiz çok güçlenecek ama bunlara daha çok vakit var evlat, sen ilmini arttırmaya gayret et.' dedi.

O gün çok şeyler anlattı. Çin'in güçleneceğini söylemişti. O gün için söyledikleri neredeyse inanılmazdı. O zamanlar bahsi geçen ülkeler için bunlar düşünülemezdi. Bu sözlerin üzerinden tam elli yedi yıl geçti. Şimdi hocamın dediklerinin tek tek gerçekleştiğini görüyorum."

Konuşurken gözlerini, karşıdaki Manhattan'ın muhteşem gece manzarasına dikmişti. Üzüntüsü yüzünden belliydi. Hem anlattığı hüzünlü şeylerin etkisiyle hem de hocasına duyduğu derin hasretin etkisiyle konuşması bittiği halde sessizce hâlâ karşıya, gecenin içinde parlayan gökdelenlerin ışıltısına bakıyordu. O susunca masada da garip bir sessizlik oldu. Anlatılanlar üzüntü vericiydi.

Hulusi Bey gayet mütebessim bir halde Ali'ye baktı.

"Ali Bey, nasıl olsa bu bina senin mekân sayılır. Eh buraya da demlikte çay yapmayı öğrettiğine göre garsonlara söylesen de bizim masanın meşhur çaylarını getirse artık." deyince masadaki kasvet dağılır gibi oldu.

Ali alt kattaki otelde fitness salonu işlettiğinden mekân sahipleriyle sıkı dostluğu vardı. Tam bir çay tiryakisi olan Ali, sonunda Press Lounge'ye de demli çay keyfini sevdirmişti. Hafta sonlarında onların masaya özel demlikte çay yapıldığı gibi artık mekânın ortakları ve çalışanları da demleme çay olayının tadına varmışlardı.

Ali çağırdığı garsona, "Bizim özel çayları getiriver." deyince, garson gülümsedi. "Derhal efendim, tam da yeni demlemiştik." diyerek nazikçe yanlarından ayrıldı.

Sıcak bir yaz akşamında New York'un koşuşturma içerisinde geçen iş hayatının yorgunluğunu atmaya gelen insanların masalarından yükselen şen kahkahalar, mekânın klasik müziğine karışırken Manhattan'ın büyüleyici gece manzarası eşliğinde sohbetleri devam ediyordu.

Masadakilerin ardı ardına gelen sorularını cevaplayan Hulusi Bey, hocasının dediklerini anlatıyordu.

"Hocam, Rusya ve Avrupa'nın savaşından bir süre sonra ülkemizin çok güçleneceğini, üzerimizdeki ölü toprağını atacağımızı söylemişti. Aynı dönemde Çin'in de müthiş güçleneceğini anlatmış, tüm bunlar Muhyiddin-i Arabi hazretlerinin kitabında yazıyor demişti. Hem hocası söylemiş hocama, bunları. O söylediyse..."

Hulusi Bey garsonun masaya çayları getirmesiyle konuşmasını yarıda kesti. Garson tüm nezaketiyle masadakilerin çaylarını servis ederken, herkes konuşmanın devamını merakla bekliyordu. Hulusi Bey ise yine karşıdaki gökdelenlerin ışıltısına dalmıştı.

Dalgın gözlerle, sesi titrek halde konuşmaya başladı.

"Hocam, Muhyiddin-i Arabi'nin anlaşılamamasına çok üzülürdü. Onun eserlerinin yeterince tetkik edilmemesi çok büyük kayıp derdi. Nostradamus denen adamın aslında Muhyiddin-i Arabi'nin kitabını ele geçirip çok iyi incelediğini ve haber verdiği tüm kehanetlerinin Muhyiddin-i Arabi hazretlerinin kitabından olduğunu söylerdi."

Hulusi Bey, konuşurken devamlı karşıdaki şehrin manzarasına bakmıştı. Aslında tam anlamıyla, gözleri dalarak konuşuyordu. Sanki hocasına bakarcasına konuşuyormuş gibi bir hâli vardı. Sustu, masadaki çay bardağına uzandı, bir yudum aldı.

"Bize her zaman hocanızın anlattığı müthiş sırlardan bahsediyorsunuz. Bunları anlatan birisine ne rastladım ne de daha önce bu tarz müthiş bilgiler duydum. İnan Hulusi abi, hocanı ve dostum dediğin arkadaşını çok merak ediyorum. Adlarını dahi bize söylemedin!" dedi Ali.

Diğerleri bu sözleri hayranlıkla onayladı.

Hulusi Bey, elindeki çay bardağına dalgınca bakarak yeniden konuşmaya başladı.

"Hocam Zeyrek'teki o huzur dolu dergâhında Muhyiddin-i Arabi hazretlerini anlattığı zamanlarda muhteşem şeylerden bahsederdi. Neredeyse Mars ile Muhyiddin-i Arabi hazretleri benim için özdeşleşmişti. Mars'ta olanlar hakkında Muhyiddin-i Arabi hazretlerinin eserlerinden çok şeyler okumuştu. Bilim kurgu filmlerinin, yıldız savaşlarının aslında yalan olmadığını anlamıştım. Ama o günlerde düşünürdüm, bu yabancılar bunları nereden öğrendi? Bir gün hocam bana dedi ki, Utarit yıldızına dikkat et, evlat. Orada hocam Muhyiddin-i Arabi'den bir işaret var. O işaretten Mars'ta da var..."

Son cümleleri garip, buruk bir gülümseyişle söylemişti.

Bu bilgiler masadakiler için heyecan vericiydi. Ama çok da şaşırmadılar. Zira Hulusi Bey'le tanıştıktan sonra bu tarz hayret verici çok şey öğrenmişlerdi.

Hakan yaslandığı rahat koltuğundan masaya doğru yaklaştı. Elindeki boşalan çay bardağını masaya bırakırken konuşmaya başladı.

"Bu sözler, bu bilgiler karşısında bir şeyler demek istiyorum ama neredeyse imkânsız. İnanın, sizin hocanızı ve şu dostunuzu çok merak ediyorum. Öyle insanlarla bir arada bulunmak aynı havayı teneffüs etmek bile çok büyük bir nimet olsa gerek."

Hulusi Bey, *haklısın* dercesine gözleri buğulu halde başını salladı.

Hakan devam etti. "Belli ki adlarını söylemeyeceksin. Allah, cennetinde kavuştursun abi."

Hulusi Bey daha da mahzunlaştı. Gözlerindeki buğu, birkaç damla gözyaşı olarak yanaklarından süzüldü.

Sesi titreyerek çıkıyordu. "Haklısın çok değerli insanlardı. Eşsizlerdi. Hocam çok mübarek bir zattı. Dostum ise ben onu dost seçtiğim için dostumdu."

Hocasından ve dostum dediği arkadaşından nadiren bilgi verirdi. Dostum dediği kişinin aynı kendisi gibi doktor olduğunu, Hulusi Bey'den yaşça büyük olduğunu biliyorlardı. Tanıştıkları ilk zamanlardan itibaren din ile ilgili anlattığı tasavvufi sırlar o kadar muazzamdı ki hayran olmamak elde değildi.

Hulusi Bey, "Sakın ha bu anlattıklarımı benden sanmayın, bunları bana çok değerli hocam anlatmıştı. Hepsi onun bilgileri, zaten bunları ne başka biri söyleyebilir ne de bir kitap yazar. Sadece o söyleyebilirdi." diye gözlerinden yaşlar süzülerek uyarırdı.

Hocasından, bazen de dostundan aktardığı sırlar o kadar müthiş oluyordu ki masadakiler ısrarla soru sormaktan kendilerini alamıyorlardı. Bunlar genelde *size bir sır vereceğim iyi dinleyin,* diye başlayan sözler oluyordu.

Ama özellikle uyarmıştı.

"Beyler size bir sır vereceğim dedikten sonra anlattıklarıma itiraz etmeyiniz. Çünkü o cümleden sonra anlattıklarım harfi harfine hocamdandır. Benden ekleme olmaz. Onun için o cümleden sonra anlattıklarıma itiraz etmeyiniz. Dostumun söylediklerinden bir şey anlatacak olduğumda dostum demişti derim. Anlattıklarımın sonrasında neden, niçin, nasıl diye sormayınız. Sadece dinleyip öğreniniz. Zira Ledün ilminde itiraz olmaz, soru sorulmaz."

Yine böyle bir akşamda Hulusi Bey masadakilerin özellikle Hakan'ın ısrarlarına dayanamamış hocasından ve dostundan garip cümleler içinde bahsetmişti. Sözlerine bu kez farklı başlamıştı.

"Beyler muhteşem bir sır ister misiniz?" diyerek kısa süre bekledikten sonra hocasıyla ve dostuyla ilgili müthiş bir şey anlatmıştı.

"Allah kulunun biri, senelerce evvel, günün birinde Hızır'a rastladı. Sonraları da Hızır ona rastladı. Hızır konuştu, o kul dinledi. Hızır'a sordu, Hızır söyledi. Günün birinde Hızır, o kulu götürdü bir yere. O kul bu tesadüflerden utandı. Kimden utandı? Kendinden.

'Ben kimim ki Hızır bana rastladı!' diye utandı.

Başka bir günde o kul ormanlarda, kırklarla görüştü. Yaylalarda, yedilerle buluştu. Geceleri on birleri dinledi. Aradan yine seneler geçti. Bu kul konuşuyordu diğer bir kul ile. Hızır'ın kendisine söylediğini o rastladığı kula dedi.

Ne dedi, bilir misin?

'Kul arkadaş, üçler kalmadı bugün. Yediler, iki kişi kaldı. Kırklar, on bir kişiye indi. Hamdolsun ki on birler bâki.'

Hızır'ın rastladığı kula, diğer kul sordu. 'Beni bir yere götürdü dedin. Nereye götürdü?'

Hemen cevap verdi.

'Beni değil, bizi. Ben başka, biz başkadır. Malum ya sözlerimi anlayamadın. Hem bunları sualle uzatma. Anlattığımı anlarsan yeter.' dedi.

Onun için siz de suallerle uzatmayın arkadaşlar. Hızır'a rastlayan o kul, diğerine sonradan anlatmasına izin verilenleri anlattı. Anlattığı kul, Hızır'dan ders almış bir âlimin dizi dibinde yıllarca ders almış başka bir kul idi." dedikten sonra sustu Hulusi Bey.

O gün masada derin bir sessizlik olmuş, herkes birbirine bakmıştı. Bu garip dolambaçlı gibi görünen sözler müthiş sırların silsile şeklinde kaynağını açıklıyor gibiydi. Ne diyeceklerini dahi bilememişlerdi.

Bu sözler karşısında şaşırmamak mümkün değildi. "Olmaz, olamaz!" demek de imkânsızdı. Çünkü Hulusi Bey, onlara kimseden duymadıkları, hiçbir tasavvufun söylemediği, hiçbir kitapta yazmayan o kadar derin ve ince sırlar aktarmıştı ki dostundan ve hocasından öğrendiği, zaten bunları ancak hocası Hızır olan bilebilirdi.

Bu müthiş bilgiyi anlatalı henüz bir ay olmuştu. Hulusi Bey gece yarısına doğru ayrıldıktan sonra Hakan'ın arabasıyla sabaha kadar New York caddelerinde gezmişler, hararetli bir şekilde konuyu tartışmışlardı. Hiç unutamıyorlardı. Hakan arabayı sürerken her biri telefonlarından internette geziniyor, Hızır aleyhisselam ve onunla görüşen âlimler, evliyalar hakkında bilgi toplamaya çalışıyorlardı. O gecenin sabahında uykusuz bir halde her zaman gittikleri Türk lokantasında çorbalarını içerken karara varmışlardı.

"Hulusi amcanın verdiği sırları zaten başka türlü açıklamak mümkün değil. Hiçbir yerde böyle sırlar yok, bunlar ancak Hızır aleyhisselam kaynaklı bilgiler olabilir. Hocasının, dostunun kimler olduğunu ve türbelerinin nerede olduğunu öğrenip ziyaret edelim."

Fakat geçen bir aylık sürede Hulusi Bey'le cumartesi akşam buluşmalarına ek olarak, Erdal'ın hafta içinde kendisini ziyaret etmesine rağmen ne hocasının ne de dostunun adını öğrenebilmişlerdi. Tabii ki tüm bunları yaparken oldukça nazik ve saygılı olmuşlar, ısrar ederek Hulusi Bey'i kızdırmamaya çalışmışlardı.

Hakan'ın sözlerinden sonra, gözlerinden akan yaşları cebinden çıkardığı mendille siliyordu Hulusi Bey. Ortama hüzün çökmüştü. Masanın diğer ucundaki Barış, bu garip, hüzünlü ortamı dağıtmak istercesine Hulusi Bey'e bakarak konuşmaya başladı.

"Hakan'ın da bir arkadaşı var. Aslında arkadaştan öte, iş ortağı Tekin. Hani her zaman bahsettiğimiz şu meşhur Tekin'imiz. O da çok acayip şeyler anlatıyor. İnan var ya şuraya bir gelse ağzımız açık dinleriz. Sadece sekiz kez görüşebildik onunla burada. Her defasında kendimi toparlamam birkaç günümü aldı."

Masadaki diğerleri de hemen söze katılarak, "Evet, inanılmaz şeylerdi haklısın." diyerek Barış'ı onayladılar.

Barış, çayından bir yudum alarak devam etti.

"Hulusi abi az önce, hocam ülkemizin, Rusya ve Avrupa arasındaki savaştan bir süre sonra çok güçleneceğini, üzerimizdeki ölü toprağını atacağımızı söylemişti, dediniz ya, Tekin de hep bunu diyor. Ama o böyle bir savaştan bahsetmemişti. Bizi korkutmak istemedi herhalde." deyince masada kısa süren bir gülüşme oldu.

Barış, "Nerede kalmıştık!" diyerek gülüşmelerin sonlanmasını sağlayıp konuşmasına devam etti.

"2023'ten sonra hiçbir şey eskisi gibi olamayacak diyor. Anlattıklarını duysan ağzın açık alır."

Elindeki çayın son yudumunu içerek bardağı masaya bıraktı.

"Beyler hatırlıyor musunuz, Tekin'in anlattığı şu meşhur Barış Manço olayını?" deyince, masadakiler "Unutmak ne mümkün!" diyerek karşılık verdiler.

Hulusi Bey, "Olay nedir? Merak ettim, anlatabilir misin?" diye sordu.

Barış mütebessim bir ifade ve oldukça heyecanlı bir ses tonuyla konuşmaya başladı.

"Barış Manço'nun bir şarkısı varmış abi. İnan çoğu şarkısını biliyorum ama Tekin'in anlattığı, bize dinlettiği o şarkıyı hiç duymamıştım. Fakat epey meşhurmuş o şarkısı da diğer şarkıları gibi. Tekin, Barış Manço'nun, kendisine aktarılan bazı sırları şifreleyerek bir şarkı hâlinde, yıllar önce herkese fısıldadığını söyledi. Bu sır Çin'de ki Türk piramitlerinin duvarlarında kazılıymış."

Hulusi Bey, anlayabilmek için bütün dikkatini vermiş ilgiyle dinlemeye devam ediyordu.

Barış, "Bir saniyeni rica edeceğim abi, sözlerini sana şuradan okuyayım." diyerek masa üzerinde duran telefonu aldı. Kısa bir süre sonra "Tamam, buldum abi. Dinle, bak!" diyerek Barış Manço'nun, *Kayaların Oğlu* şarkısının sözlerini aynı bir şiir gibi okumaya başladı.

1923'ün ılık bir ekim sabahında,

Kayaların toprağa dikine saplandığı bir yerde doğdum.

Toprak anayla kaya babanın oğluyum ben.

Toprak anam sevgi dolu, bereket dolu,

Toprak anam sessiz ama toprak anam dopdolu…

Toprak anam, toprak anam dopdolu,

Toprak anam, toprak anam Anadolu,

Babamsa sağı solu belli olmaz.

Bir gürledi mi yer yerinden oynar,

Göğsünde çatırdamalar olurmuş.

Onun için derdi, onun için sayısız irili ufaklı,

Kaya parçaları vardır bu topraklarda,

Ve sen benim oğlum,

Ve sen kayaların oğlu,

Bu taşı toprağı bir arada tutacaksın.

Kolay değil kayaların oğlu olmak,

Kuzeyden esen rüzgâra,

Güneyden gelen kavurucu sıcağa,

Karşı koruyacaksın onları,

Kolay değil, kolay değil,

Kayaların oğlu olmak,

2023'ün ılık bir ekim sabahında,

Bacaklarımda hafif bir uyuşma ile uyandım.

Ve sanki yüzyıllık ulu bir çınar gibi

Kök salmaya başladım o sabah,

Ve ilk kez sağımda, solumda asırlardır,

Durmakta olan diğer çınarları fark ettim.

Doğudan hafif bir seher yeli yükseldi,

Ve asırlık çınarlar beni de aralarına aldılar.

Ve 2023'ün ılık bir ekim sabahında,

Yeni bir kayaların oğlunun doğuşunu,

Beraberce seyre koyulduk...

Barış telefonunu masaya bırakırken konuşmasını sürdürdü.

"Abi 2023 yazısı, Çin'deki Türk piramitlerinin duvarlarında da yazıyormuş. Tekin göstermişti, Çin'deki Türk piramitlerini ve sırlarını kendisi anlatsın sana. İnan var ya duydukların karşısında şok olursun. Bize bu şiirle birlikte Hz. Muhammed Mustafa (s.a.v) efendimizin, *ilim Çin'de de olsa gidip alınız*, sözünü iyi düşünün dedi. Çin'deki Türk piramitlerindeki sırlar yeni yüzyılı şekillendirecek diyor. Çin'in yasak bölgesinde toprak altındaki Türk piramitlerinde bazı şeyler gömülüymüş. Ama özellikle bir şey var ki bilinen tüm dünya tarihini değiştirecek, diyor. Yani nasıl anlatsam bilemiyorum zaten benim anlatmam pek mümkün değil. Aslında çok da detaylı olarak anlatmadı. Umarım bir gün gelir de kendisinden hep birlikte dinleriz detaylarını."

Hulusi Bey kendisini biraz toparlamış gibiydi. Mendiliyle gözlerini silerken, "Artık Tekin'i çok daha fazla merak ediyorum. Öyle bir anlatıyorsunuz ki bir an evvel tanışmak istiyorum." diyerek Hakan'a döndü. Ne de olsa Tekin, Hakan'ın iş ortağıydı.

Hakan gülümseyerek saatine baktı.

"Durun bir şansımızı deneyelim. Dün Limni'den İstanbul'a geçmişti. Oradan da uçağa bindi." dedikten sonra cep telefonunu aldı.

"Uçağının inmiş olması lazım beyler!"

Telefonu kulağına yaklaştırdı, karşı tarafın sesini duyunca "Hoş geldin ortak." dedi. Bir an sonra da o meşhur, şen kahkahasını patlattı. Belli ki Tekin komik bir karşılık vermişti.

"Dostum yolculuk yormuştur. Biz her zamanki yerdeyiz. Malum mekân Press Lounge." diyerek güldü. Kısa bir sessizlik oldu, Tekin'i dinliyordu.

"Herkesin sana selamı var burada. Seni çağırıyorlar. Şoföre söylüyorsun rotayı hemen buraya çeviriyor. Tamam mı dostum?"

Masadakiler Hakan'a bakıyordu.

"Hadi yapma, çok güzel demlenmiş çayımız var. Yorgunluğun falan kalmaz. Hem Limni'de ne oldu merak ediyorum. Lütfen!" deyince masadakiler Tekin'in gelmeyeceğini anlamıştı.

Biraz yüksek sesle, telefondan duysun diyerek neredeyse her biri "Hadi Tekin nazlanma!" tarzı sözler söylerken Ali, telefonu Hakan'ın elinden alıverdi.

"Tekin sana aşağıda benim salonda bir masaj yaptıracağım, üzerinde yorgunluktan eser kalmayacak. Bekliyoruz hadi. Hem hani sana o bahsettiğimiz konuları anlatan Hulusi Bey de burada, seninle tanışmak istiyor." dedi.

Ali telefonu kapatıp Hakan'a uzatırken "Bu gece uzun olacak beyler tamamdır, geliyor." diyerek güldü. Masadakilerin keyfi daha da arttı.

Hulusi Bey, Hakan'a bakarak; "Tekin Bey, dün Limni'deydi dediniz. Bir iş icabı mı o adadaydı? Merakımı celbetti." dedi.

Hakan o konu hakkında pek konuşmak istemiyormuş gibi cevap verdi.

"Biraz garip bir konu. Tekin orada eski yıkılmış bir türbeyle ilgili bazı düşünceler içerisinde. Ben anlatmaya kalksam yanlış bir şey söylemekten korkarım. İsterseniz geldiğinde sorun ona, belki anlatır."

Hulusi Bey garip bir hâl almıştı. Düşünceli bir şekilde mırıldanır gibi bir şeyler söyledi.

"Niyazi Mısri'nin türbesi olmasın sakın!"

Hakan şaşkınlıkla gayri ihtiyari cevap verdi. "Evet, Niyazi Mısri!"

Hulusi Bey bu cevap karşısında şaşırmış gibi eliyle çenesini tuttu. Gözleri yine uzaklara dalmıştı.

Aniden, "Hakan, arkadaşın Malatyalı mı?" diye sordu.

Hakan bu tahmin karşısında şaşırarak cevap verdi. "Hayır, Malatyalı değil. İstanbullu."

Hulusi Bey biraz şüpheci yaklaşıyordu. "Arkadaşınızı şimdi daha çok merak ettim." dedi.

Hakan aralarında geçen bu sohbete şaşırsa da nedenini soramadı. Hulusi Bey'e karşı derin bir saygı besliyordu. Asla kırmak, incitmek istemezdi. Bunda Hulusi Bey'in bahsettiği o muhteşem bilgilerin kaynağı hocasının ve dostunun rolü büyüktü. Zaten Hulusi Bey de biraz celalli bir kişilikti. Özellikle dini konularda en ufak şüphe içeren söze ya da esprili bir konuşmaya tahammül edemez sert ifadelerle karşılık verirdi.

Çayından bir yudum içti, Hulusi Bey.

"Beyler Tekin Bey daha başka neler anlattı ki gelişi sizi bu kadar sevindirip neşelendirdi? Belli ki Barış Manço'nun şarkısından başka şeyler de anlatmış. Niyaz-i Mısri hakkında bir şeyler mi söyledi? Limni hakkında bir şeyler mi anlattı? Açıkçası Tekin Bey çok merakımı celbediyor artık." diyerek masadakiler kadar heyecanlandığını belli etti.

Hakan, Hulusi Bey'in sözlerine şaşırmıştı. Şimdi niye takıldı kaldı ki Niyaz-i Mısri'ye, Limni'ye, diye içinden geçirdi. Tedirgin olmuştu.

"Hakan, hani Tekin'in anlattığı şu en son Yıldırım Beyazıt ve Timurlenk arasındaki olayı anlatsana Hulusi Bey'e. İnan hâlâ şoktayım." dedi Erdal. Cevap beklemeden de sözlerini sürdürdü.

"Tarih resmen biz Türklere yalan söylüyor haberimiz yok!" dedi.

Hulusi Bey meraklanarak, "Anlatsana Hakan nedir konu ben de öğreneyim." dedi.

Hakan hafif gülümseyerek, "O zaman aynı bizim Tekin'in anlatış tarzıyla anlatayım ki aslını aratmasın." deyip söze başladı.

"Şimdi Hulusi Amca aslında Timur, Türk tarihinin en büyük adamlarından birisiymiş.1402 yılında da Yıldırım Beyazıt ile girdiği savaşı kazanmış ve Anadolu'ya hâkim olmuş. Bunu zaten biliyoruz. Ama bilmediğimiz çok önemli noktalar varmış.

Timur'un gerçek adı Temir Gürkan'mış. Temir kelimesi bugün kullandığımız *demir* kelimesinin aynısıymış. Bizzat kendisinin Çağatay lehçesiyle yazdığı Tüzukat-ı Timur yani Temir Yasaları adlı eseri varmış.

Bu yasaların ilk maddesi, "Türklüğü yüceltmek için yaşa, Türk'e kılıç kaldıran eli kır!" şeklindeymiş.

Timur ilim adamlarına sahip çıkmış. Hâkim olduğu yerlerde, kütüphaneler ve medreseler yaptırmış. Semerkant'ı imar ettirmiş. Rüyasında görerek, Hoca Ahmed Yesevi'nin türbesini yaptırmış.

Hint Budizmine, Moğol Putperestliğine, İran Zerdüştlüğüne karşı mücadele etmiş. Kendi el yazısı ile şunları yazmış:

"Biz ki melik-i Turan, emir-i Türkistan'ız, biz ki Türkoğlu Türk'üz, biz ki milletlerin en kadimi ve en ulusu Türk'ün başbuğuyuz!"

Timur'un Yıldırım Beyazıt ile savaşmasının en büyük nedenlerinden biri Yıldırım Beyazıt'ın Sırp Kralı'nın kızı olan karısı Despina ve Yıldırım Beyazıt'ın annesi Maria imiş. Bunlar Yıldırım Beyazıt'ın aklına girerek, Anadolu'da yaklaşık üç yüz bin Türk'ün katledilmesini sağlamışlar.

Anadolu'daki Türk boyları; Aydınoğulları, Saruhanoğulları, Germiyanoğulları, Menteşeoğulları ve Hamitoğullar'ı Yıldırım Beyazıt tarafından Sırp karısı ve onun ağabeyi Stefan'ın yani batının planları doğrultusunda yok edilmişler.

Timur esir aldığı Yıldırım Beyazıt'a, "Bu kadın yüzünden mi kıydın Türklere?" dediğinde Yıldırım Beyazıt intihar etmiş.

Timur isteseydi Anadolu topraklarından çekilmezdi. Bunu zaten tüm tarih kitapları da diyor. Nedensiz bir şekilde çekildi zaten bunu da hepimiz biliyoruz. Timur'un derdi işgalcilik değilmiş. Bunun en büyük ispatı ordusuyla Taşkent'e çekilmesi. Timur bir amaç için Anadolu'ya gelmiş, görevini yerine getirmiş.

Abi, biliyor musun Timur, Nasreddin Hoca ile görüşmüş. Evet, bildiğimiz Nasreddin Hoca. Hani sadece fıkralarla tanıdığımız Nasreddin Hoca, malum olduğu üzere zaten büyük bir Allah dostu şahsiyetmiş. Timur, Türk bekasının devamı için bazı kutsal şeyleri Nasreddin Hoca'ya emanet ederek Taşkent'e dönmüş.

Tabii dönmeden önce bir de Bursa kuşatması var. Şehri alabilecekken aniden çadırları toplayıp geri dönmüş. Buna sebepte bir rüya ile Bursa'ya gelen halkın sevip saydığı Emir Sultan'a ilettiği bilgilermiş.

Anadolu ve Rumeli topraklarında yeni Osmanlı Türk Devleti'nin vücut bulması, İstanbul'un nasıl kuşatılması gerektiği, kuşatılmasına kadar hangi hazırlıkların yapılması, ne zaman alınması gerektiği ile ilgili şifreli motiflerin olduğu bir Türkistan halısını da Timur, Nasreddin Hoca'ya emanet etmiş. Nasreddin Hoca da bu emanetleri vakti geldiğinde vermesi gereken kişilere ulaştırmış.

Zaten biliyorsun Fatih Sultan Mehmet İstanbul'u fethettikten sonra şimdinin belediye başkanlığı görevini, Nasreddin Hoca'nın torunu Hızır Çelebi'ye vermiştir. İstanbul'un ilk belediye başkanı demek yanlış olmaz Hızır Çelebi için. Bu görevlendirme zaten başlı başına bu olayları doğruluyor. Tabii ki kanıtları daha başka yerlerde de var.

Aslında bu halıdan bir tane de Şeyh Edebali hazretleri, Osmanlı'nın kurucusu Osman Bey'e vermiş. Şeyh Edebali o gün, o şifreli halı ile birlikte Hz. Osman'ın Türkler tarafından yapılmış meşhur kılıcını da Osman Bey'e vermiş. Yıldırım Beyazıt'a gelene kadar Osmanlı bu halıya riayet etmiş, şifrelerine göre hareket etmiş. Bu kutsal halı bilgisi Yıldırım Beyazıt'ın bu halıyı Sırp karısı Despina'ya vermesi ve O'nun da bu halıyı ağabeyi Stefan'a göndermesi ile kesintiye uğramış. İşte Timur bu kesintiyi de ortadan kaldırmış. Büyük Türk hükümdarı Timur, Türk milletine maalesef yanlış anlatılmış."

Hakan'ın konuşması bitmişti. Hulusi Bey şaşkın bir ifadeyle bakıyordu.

"Yakın tarihimizdeki birçok olayın yalan yanlış anlatıldığını biliyordum. Ama Osmanlı tarihinde hem de bu kadar önemli bir konu hakkında bir millet nasıl bu kadar uyutulur?" diyerek söylendi Hulusi bey.

"Gerçekten çok ilginç, akıl alır gibi değil. Peki, Tekin Bey bunu nereden öğrenmiş?" diye konuşmasını sürdürdü.

Hakan gülümseyerek cevap verdi.

"Aslında çok basit. Her şey Osmanlı Topkapı Saray yazmalarında eski dille Osmanlı tomarlarında yazılıymış. Sadece Osmanlıca bilmek gerek."

Hulusi Bey, "Tekin Osmanlıca mı biliyor?" diyerek hayretini dile getirdi.

Hakan'ın cevap vermesine gerek kalmadan hemen yanı başında oturan, Erdal; "Osmanlıca ile kalsa iyi, Almanca, Rusça ve Çince de biliyor." diyerek güldü.

"Abi, Tekin bu konuları bir yazarın kitaplarında belgeleriyle birlikte yazmaya başladığını söyledi."

Erdal heyecanla anlatmaya devam etti.

"Gerçekten inanılmaz. Ben okudum. Müthiş bilgiler. Oktan Keleş diye bir kardeşin yazdığı kitaplar. Bunun çok daha ötesinde müthiş bilgiler var kitaplarında."

Hulusi Bey'in aklı karışmıştı. Dalgın ve düşünceli bir halde New York'un ışıltılı gece görüntüsüne bakıyordu. Karşılarındaki ada, meşhur Manhattan bölgesiydi. Gökdelenlerle kucaklaşmış bölgenin ışıl ışıl gece görüntüsü en iyi bulundukları mekândan görünüyordu. Aslında hocasından öğrendiği sırlar yüzünden alışıktı böyle insan beynini altüst eden bilgilere.

Yıllar öncesini hatırladı. Hocasından müthiş sırlı bir bilgi öğrendiğinde Zeyrek Yokuşu'nda bulunan dergâhın bahçesindeki anları hatırladı birden. Sonra nedense, camide vaazını dinlerken dostunun anlattığı sırlar karşısında adeta kendinden geçtiği zamanı hatırladı. Öğrendiği bazı sırlardan sonra adeta sarhoş gibi dolaştığı günler olmuştu. Hele bazı bilgiler vardı ki öğrendikten birkaç gün sonra, "İslamiyet ne kadar inceymiş, ne kadar güzelmiş, ben âşık oldum. Ben İslamiyet'e delice âşık oldum!" diye bağırdığı Cerrahpaşa'nın bahçesini hatırladı.

Hakan'ın anlattıkları, o günleri hatırlatmıştı. Garip duygular içerisinde boğuşuyordu. Osmanlı adeta onun için kutsal bir mahremdi. Osmanlı padişahlarına asla söz söyletmezdi. Aslında hemen itiraz ederdi Hakan'a ama edemedi. Yıldırım Beyazıt ve Timur arasındaki savaştan sonra kazanan tarafın kesin bir şekilde Timur olduğunu biliyordu. Buna rağmen Timur'un güçlü ordusuyla Taşkent'e geri dönmesi ve hiçbir şey istemeden, hiçbir ganimet almadan sadece Yıldırım Beyazıt'ı alarak gitmesi bildiği bir şeydi ve gençliğinden beri nedenini bir türlü bulamamıştı.

Fikirler anaforunda boğuşan Hulusi Bey, Barış'ın sesiyle daldığı düşüncelerden sıyrıldı.

"Gördün mü işte hep böyle oluyor. Bir geliyor Tekin, bir şey anlatıyor, böyle şok olup kalıyorsun." dedi ve elindeki boşalan çay bardağını masaya koydu.

Barış'ın son söylediği karşısında masadan oldukça yüksek kahkahalar koptu. Herkes gülüyordu. Hulusi Bey de gülüşmelere kayıtsız kalamadı, tebessüm etti.

İstanbul, New York arasındaki uzun süren uçak yolculuklarına alışmıştı artık. Sık sık tekrar eden bu yolculuklar yorucu bile gelmiyordu. Tam aksine uçak bulutların üzerinde süzüldükçe sanki ruhu kuş olup uçuyordu ülkelerin üzerinde. Uçak dağların, şehirlerin üzerinde uçarken aşağıdakileri ufacık karınca gibi gösterdikçe aklı düşüncelere dalıyordu. Koşuşturma içerisindeki iş hayatında yorulan ruhu adeta bu uçak yolculuklarında dinleniyor gibiydi. O yüzden çoğuna yorgunluk gibi gelen uzun okyanus ötesi uçuşlar Tekin için adeta terapi gibi oluyor, dinleniyordu.

Kennedy Havalimanı'ndan evinin olduğu Manhattan'a doğru yol alan lüks aracın arka koltuğunda gökdelenlerin ışıltısına bakarken *tamam gelirim,* diyerek telefonu kapattı.

"Serdar program değişti. Beni eve bırakınca, bizim binanın lobisinde bir şeyler iç, beni bekle. Ben evde bir duş alayım, kıyafetlerimi değiştireyim. Hakan, Press Lounge'deymiş. Beni oraya bıraktıktan sonra sen evine gidebilirsin." dedi.

Serdar 25 yaşında, güler yüzlü bir gençti. Babası uzun yıllar önce Amerika'ya yerleşmişti. Liseyi bitirdikten sonra annesiyle birlikte babasının yanına Amerika'ya gelmişti. Serdar'ın annesi, Tekin'in Silikon Vadisi'ndeki yazılım şirketi Genesis'in New York ofisinde mutfak ve ikram işlerine bakıyordu. Tekin, oldukça cesur ve güvenilir gördüğü bu gence özel makam şoförlüğünü teklif etmişti. Uzun süredir itinayla görevini sürdürüyordu.

Serdar, "Tabii efendim. Siz nasıl isterseniz." diyerek nazik bir ses tonuyla karşılık verdi. Tekin'den komutu alınca mesafenin uzunluğunu düşünerek biraz gaza dokundu. Hafif bir dokunuş aracın hızlı bir atak yapmasına sebep oldu.

Lafayette caddesindeki evine doğru hızla yol alırken dalgın ve düşünceli bir şekilde aracın arka koltuğunda camdan, şehrin ışıltısına bakıyordu. New York, farklı ve çok özel bir şehirdi onun için. Sevdiği şarkıyı ardı ardına dinlemek gibi hisler yaşatan bir yerdi. Her gelişinde ayrı bir tat alıyordu. Buraya *city never sleeps* yani uyumayan şehir diyorlardı. Bu konuda son derece haklıydılar. Şehir gece boyu ışıl ışıl, capcanlı ve insanlarla doluydu. Hani bazı şehirlerin ruhu vardır derler ya İstanbul kadar olmasa da bu şehrin de bambaşka büyülü bir atmosferi vardı Tekin için. Çok seviyordu bu burayı, New York hayallerinin şehriydi.

Aslında bu akşam için planı sıcak bir duş alıp, biraz kitap okuyup, erkenden yatmak ve gece yarısı kalkmaktı. Gecenin bir yarısı, o dingin sessizlikle, ilham perileriyle buluşup yazmakta olduğu romanına birkaç sayfa daha eklemeyi düşünüyordu. İlk romanı bir yıl önce yayınlanmış ve hatırı sayılır bir tiraj elde etmişti. Şimdi ikinci romanını yazıyordu. Zaten ilk romanın bir nevi devamıydı. Fakat gelen telefonla planlarını bir anda değiştirmek zorunda kalmıştı. Ne Hakan'ın ricası ne de Ali'nin salonunda teklif ettiği thai masajıydı onları reddedememesinin sebebi. Ali, Hulusi Bey'in de yanlarında olduğunu, tanışmak istediğini söylemişti. O da Hulusi Bey'i merak ediyor, tanımak istiyordu. Sırf bu yüzden gece için yaptığı planını bir kenara itip tamam gelirim, demişti.

Hakan'ın son aylarda dinle ilgili anlattığı o kadar ilginç bilgiler oluyordu ki yıllardır aklını kurcalayan cevabını ve nedenini bir türlü bulamadığı sorular o birkaç sözle cevaplanıyordu. Demek esas sebep buymuş diye günlerce gülümseyerek düşündüğü olmuştu. Hakan her seferinde 'Hulusi amca bak bugün ne anlattı, ona da hocası anlatmış. Ya inanamazsın bak, İslamiyet'te hani şu bildiğimiz...' diye başlayarak anlattığı her şey Tekin'i mest ediyordu. Hakan'a belli etmese de Hulusi Bey'i çok merak ediyordu.

Serdar köprüye yaklaşırken gazdan ayağını yavaşça çekmeye başladı. Tüm zamanların en iyi tasarımına sahip olan Manhattan Köprüsü'nden geçerken araç yavaşlamıştı. Trafik de oldukça yoğundu. Tekin kolundaki saatine baktı. Daha zaman vardı. Kolundaki saatten çok, parlak mavi, ipek gömleğinin kol manşetlerine gözü takıldı. Gülümseyerek eliyle ipek gömleğini okşadı. Eline çok hoş bir his veriyordu ipek kumaş.

İşte tam da bu yüzden planlarını iptal edip bu akşam Press Lounge'ye gidecekti. Hulusi Bey'le tanışmak için. Yıllar sonra ipek gömleği giymesini sağlayan o ince sırlı tasavvufi bilgiyi veren adamı tanımak için.

Işıkların yansıdığı nehre aracın camından bakarken eli hâlâ gömleğin kumaşını hafifçe okşuyordu.

Hakan'la konuştukları hafif bir tebessümle dimağında canlandı.

Hakan son dönemlerde gece eğlenmek için dışarıya çıktıklarında çok hoş tasarımlı ipek gömlekler giymeye başlamıştı. Sonunda dayanamayıp, "Hakan, bak arkadaşım gömleğin çok güzel ama ipek giymek haramdır. İstersen giyme!" demişti. Hakan'dan aldığı cevap ise İslamiyet'in ne kadar ince ve zarif çizgiler üzerinde yürüyen bir din olduğunu, o gün bir kez daha anlamasına sebep olmuştu.

Hakan, "Ben de öyle zannediyordum ama işin hakikati başkaymış, Hulusi amca anlattı. O'na da dostu anlatmış. Dinle bak, ben de sana anlatayım. Hem bu gömlek, o bildiğin ipek kumaşlardan değil." diyerek Hulusi Bey'in söylediklerini harfiyen anlatmıştı. Hakan'ın sözlerini sanki yeni anlatılmış gibi anımsıyordu Tekin.

"İpek böceği, beslendiği yeşil dut yapraklarını dünyanın en güzel ve kıymetli ipliğine çeviren bir hayvandır. Bu mübarek mahlûku, insanlar vermiş olduğu bu muhteşem iplik karşılığında sıcak suda haşlayarak öldürürler. Ölüsünü de atarlar.

Bu mübarek mahlûk, ipeği insanlar için hazırlar. Çalışması bittiğinde mahpus kaldığı kozasının bir ucunu delerek kanatlanıp uçup gider, üç, beş gün yaşamak için. Bu çalışmasına karşı Allah'ın kendisine verdiği kanatlarının zevkini ve uçmak mükâfatını kısa bir müddet için de olsa tatmak ister.

İşte insanlar ipek böceğinin bu cömertliğine karşı gitmesine de müsaade etmezler...

Senin ipliğini alacağız seni de haşlayarak öldüreceğiz derler. Ve söylediklerini yaparlar. Zira ipek kesik olmasın diye... Elde edecekleri ipek kesik olmasın diye güzelim ipek böceğini haşlayarak öldürürler. Sonrada o ipek elbiselerle gurur duyarlar.

Böceği uçmuş kesik ipek, sadakor ismini alır bu haram değildir. Kesik olmasın diye böceği haşlanarak elde edilen ipekten yapılan elbiseler haramdır. Sebebi ise böceğin uçmasına izin vermeyip haşlamaktır. İpek elbiseler içinde dolaşmak haramdır söz ve emri budur. Yani İslamiyet, ipeği; böceğin uçup gitmesine izin verilmeden haşlayarak öldürülüyor diye haram etmiştir. Oysa sadakor denilen ipekte, böcek haşlanmamış, uçup gitmesine müsaade edilmiştir. Ondan dolayı ipek haramdır ama kesik ipek denilen sadakor haram değildir."

Hakan'ın sözleri bittiğinde, "Bu müthiş bir şey, her şeyin arkasında muhteşem bir incelik var." diyebilmişti.

O günden beri Hulusi Bey'i merak eder olmuştu. Aklına birden Bursa'da ipek gömlek ararken, "Tam ipek olmayacak, sadakor mu bu?" diye belirterek dükkân dükkân gezdiğini hatırladı. Muzip bir gülümseme belirdi yüzünde.

Köprüyü geçmişlerdi. Evinin olduğu Manhattan sokaklarında araç hızla yol alırken arka koltuğa yaslanmış bir şekilde caddeye, kaldırımlardaki kalabalıklara baktı. Manhattan caddeleri her zamanki gibi cıvıl cıvıldı. Sanki bir tiyatro sahnesi tüm canlılığıyla perde alıyor gibiydi. Burası hayallerinin, ümitlerinin, rüyalarının şehri New York'un en özel, en gözde yeri, Manhattan...

Cadde ışıltılarının altında ve yoğun trafikte ilerleyen araç hızını oldukça düşürerek yavaşlamaya başladı. Lüks mağazaların önü podyumlardan fırlamışçasına giyinmiş insanlarla doluydu. Birkaç mağazanın önünden yavaşlayarak ilerleyen araç lüks rezidansın giriş kapısının önünde durunca kapıdaki görevli hemen arka kapıya doğru koştu.

Nazikçe gülümseyerek, "Hoş geldiniz, Mr. Tekin." dedi.

Tekin, "Teşekkürler John." diye karşılık verdi.

Binanın giriş kapısına doğru ilerlerken Serdar ve John aracın bagajından valizleri indirmeye başlamışlardı.

Klasik müziğin sesi, masalardan yükselen şen kahkahalar, karşılarındaki gökdelenlerin görüntüsü ve yaz akşamında parlayan yıldızların altında, sohbetleri ilginç şekilde devam ediyordu.

Timur hakkında anlatılan şeyler müthişti. Fakat aklına anlatılan bazı bölümler takılmıştı Hulusi Bey'in.

Düşünceli bir şekilde Hakan'a bakarak, "Hakan az önce, Şeyh Edebali o gün, şifreli halıyla birlikte Hz. Osman'ın Türkler tarafından yapılmış meşhur kılıcını da Osman Bey'e vermiş dedin. Bu bahsettiğin kılıç Topkapı Sarayı'nda sergilenen Hz. Osman'ın kılıcı mı yoksa başka bir kılıç mı?" diye sordu.

Hakan hemen cevap verdi.

"Evet, o. Bildiğimiz, sergilenen meşhur Hz. Osman'ın kılıcı."

Hulusi Bey kendinden emin bir ifadeyle itiraz etti.

"İyi ama Kutsal Emanetler, Yavuz Sultan Selim'in Mısır seferinden sonra Osmanlıya geçti. Bildiğim kadarıyla Hz. Osman'ın kılıcı da o kutsal emanetler arasındaydı."

Hakan'dan cevap vermesini beklerken hemen yan tarafındaki koltukta oturan Erdal eliyle dostane bir şekilde Hulusi Bey'in sırtına dokundu. Gülümseyerek masadaki arkadaşlarına baktı.

"Hatırlıyor musunuz beyler, Tekin bize bunu anlattığında ben de aynı şekilde itiraz etmiştim. Hem de çokbilmiş bir tavırla, adama ahkâm bile kesmiştim."

Masadakiler, Erdal'ın sözleri karşısında gülümseyince Hulusi Bey oldukça meraklandı.

"Olay ne peki? Gülümsediğinize göre Tekin Bey zannedersem kılıç olayını anlatmış. Orada da mı bize bir yalan uydurulmuş?"

Cevap veren yine Erdal oldu.

"Evet, maalesef. Hem de nasıl bir hakikatin üstü kapatılmış anlatmak imkânsız."

Hulusi Bey merakına yenik düşerek, "İyi de anlatın bari şu olayı ben de öğreneyim. Çatlatmayın adamı!" dedi.

Erdal cevap verdi.

"Ben Tekin'in anlattıkları doğru mu acaba diyerek Topkapı Sarayı'na gittim. Kılıcın üzerinde o işaret var mı diye araştırdım. Onun için istersen ben anlatayım abi. Zira yarım yamalak Osmanlı bilgimle adama itiraz eden de bendim." dedi.

Hulusi Bey, merakla Erdal'ın ne anlatacağını bekliyordu. Olayı araştırdığını söylemesi de oldukça ilginçti. Demek ki Tekin'in anlattığı şeyi doğrulamıştı Topkapı Sarayı'nda.

Erdal masadaki cam şişeden bardağına su doldurdu. Bir yudum içtikten sonra, "Şimdi abicim olay şu..." diyerek anlatmaya başladı.

"Bu öyle bir sır ki bunun aynı zamanda delili şu an Topkapı Sarayı'nda. Bizzat gittim inceledim.

Tekin anlattığında, bende senin Hakan'a söylediğin gibi Hz. Osman'ın kılıcının Osmanlı'ya, Yavuz Sultan Selim ile birlikte geçtiğine dair itiraz etmiştim. O ise Hz. Osman'ın kılıcının, Şeyh Edebali tarafından Osman Bey'e verildiğini hatta kılıcı verdikten sonra Şeyh Edebali'nin, Osmanlı'nın kurucusunun adını Orhun'dan Osman'a değiştirdiğini söyledi."

Hulusi Bey şaşkın bir şekilde; "Bir dakika Osman Bey'in gerçek adı Orhun mu?" diyerek sordu.

"Evet, aynen öyle! Şeyh Edebali, Orhun Bey'e o gece gördüğü rüyanın tabirini anlatırken Hz. Osman'ın kılıcını verip bundan sonra adın Osman demiş."

Hulusi Bey çok şaşırmıştı oysa masadakiler bu şaşkınlığı iyi biliyorlardı. Çünkü Tekin bu konuyu onlara anlattığında kendileri de aynı duruma düşmüşlerdi. Onun için gülümseyerek bakıyorlardı.

Erdal konuşmasını sürdürdü.

"Peygamberimiz Hz. Muhammed Mustafa (s.a.v) efendimiz, Mekke'yi fethettiği gün Kâbe›nin anahtarlarının getirilmesini istemiş. Kâbe'nin anahtarları, o an için müşrik olan, Osman Bin Talha'daymış.

Peygamber Efendimiz (s.a.v) Kâbe'nin anahtarlarının getirilmesi görevini Hz. Ali'ye vermiş.

Hz. Ali, emir üzerine gitmiş, Osman Bin Talha'yı bulmuş. Anahtarları istemiş. Osman Bin Talha anahtarları vermeyi kabul etmemiş. Kâbe'nin anahtarlarının yıllardır kendi soylarında olduğunu ve Hz. Muhammed'in (s.a.v) peygamberliğine inanmadığını söylemiş. Hz. Ali ısrar etmiş. Çünkü emri Peygamber Efendimizden (s.a.v) almış, ne pahasına olursa olsun aldığı emri yerine getirmek istemiş.

Hz. Ali, Osman Bin Talha anahtarları vermeyince elini sıkmış, canını yakarak zorla almış.

Sonrasında anahtarları alarak, Peygamber Efendimizin (s.a.v) yanına dönmüş. Anahtarları uzatmış. Peygamber Efendimiz (s.a.v) Kâbe'nin anahtarlarını Hz. Ali'den teslim almış. Ve şaşılacak bir şekilde Hz. Ali'ye tekrar geriye vermiş.

Ve şöyle buyurmuş:

'Ali, Kâbe'nin anahtarlarını git Osman Bin Talha'ya teslim et!'

Hz. Ali şaşırmış ve tabii ki merak edip sormuş.

'Ey Allah'ın Resulü (s.a.v), az önce emrinizle gittim, anahtarları aldım, getirdim size teslim ettim. Şimdi de emrinizle aynı şahsa anahtarları teslim etmemi emir buyurdunuz. Bunun hikmeti nedir ki?'

Peygamber Efendimiz (s.a.v) birçok sahabenin yanında şu ibret verici sözleri söylemiş:

'Ya Ali, sen anahtarları yolda bana getirirken, yüce Allah, dostum Cibril ile bana vahiy gönderdi.

Emanetleri ehline veriniz!'

Abi, Kâbe'nin anahtarları uzun yıllar boyunca Osman Bin Talha'daymış. Ona da dedelerinden intikal eden bir görevmiş. Onlar Kâbe'nin nasıl temizleneceğini, nasıl sahip çıkılacağını çok iyi bilirlermiş.

Neyse biz yine konuya dönelim.

Hz. Ali bu emir üzerine hemen geri dönmüş ve Osman Bin Talha'yı bulmuş. Anahtarları, Osman Bin Talha'ya uzatmış.

Tabii ki Osman Bin Talha büyük bir şaşkınlıkla anahtarları geri almış. Hayretler içerisinde Hz. Ali'ye sormuş.

'Ya Ali, az önce anahtarları elimden zorla alan sen değil miydin? Niye geri getirdin?'

Hz. Ali olanları anlatmış. Bu konuyla ilgili Peygamber Efendimize (s.a.v) ayet geldiğini, bu yüzden anahtarları geri yolladığını söylemiş.

Osman Bin Talha, müşrik iken bu hadise üzerine koşa koşa Peygamber Efendimizin (s.a.v) yanına varmış ve Efendimizin (s.a.v) şahitliğinde Kelime-i Şehadet getirerek Müslüman olmuş.

Şimdi Hulusi abi, buradaki esas mesele, esas sır, aslında Osman bin Talha'nın kim olduğu. Gizlenen sır bu şahsiyetin kimliğinde ve soyunda gizli. Osman Bin Talha, Süreyc kabilesine mensup bir kişi... Şu anda bile bütün Arap kaynaklarında Süreyc kabilesinden bahsediliyor. Süreyclilerin, Orta Asya'dan gelen Türkler olduğu, Arap tarihçilerin eserlerinde de geçiyor. Bunu Tekin söyledikten sonra bizzat araştırdım. Çok rahat bir şekilde Süreyc kabilesi hakkında bilgi toplamak mümkün. Bu sülâlenin mesleği kılıç ustalığıymış. Bu aile Orta Asya'dan Anadolu'ya, oradan da Mekke'ye kervanlarla gitmiş ve Mekke'ye yerleşmiş.

Yani işin sırrı şu ki abicim Osman bin Talha, Orta Asyalı bir Türk soyundanmış. Ve çok meşhur bir kılıç ustasının torunuymuş.

Senin de dediğin gibi Hulusi abi, Mukaddes Emanetler, Yavuz Sultan Selim'in Mısır seferi sonucunda İstanbul'a getirilmiştir. Bu zaten hepimizin malumu! Bu emanetler içerisinde Hz. Osman'ın kılıcı da var olarak biliyorduk şimdiye kadar. Zaten ben de bu şekilde bildiğim için Tekin'e itiraz etmiştim. Tabii adam her zamanki gibi net somut delillerle o an beni hayretler içerisinde bırakarak susturdu."

Erdal, masanın üzerinde duran telefonu eline aldı. Eliyle telefonunun ekranı üzerinde sayfaları karıştırıyordu.

"Aynı Tekin'in yaptığı gibi yapalım ve anlattığımızın delilini sunalım. Hah tamam işte buldum. Buyur abi!" diyerek telefonu uzattı.

Hulusi Bey telefonu eline aldığında Erdal konuşmasını sürdürdü.

"Abi resimde gördüğün kılıç, Hz. Osman'ın, Topkapı Saray'ı Mukaddes Emanetler bölümünde sergilenen kılıcı. Bizzat resimleri kendim çektim. Aslında bu kılıç, Yavuz Sultan Selim'in, Mısır Seferi sonucunda getirilen emanetlerle birlikte İstanbul'a gelmemiş. Bu kılıç, daha Osmanlı İmparatorluğu kurulmadan önce, Hz. Osman döneminden, Ertuğrul Gazi'nin eline Şeyh Edebali tarafından *kutsal bir işaret* olarak teslim edilmiş. Şeyh Edebali'nin eline gelişi ise zaten o apayrı bir sır. Tekin anlatmıştı. Hoca Ahmed Yesevi tarafından onu takip eden halifeleri vasıtasıyla ulaşmış Şeyh Edebali'nin eline.

Ertuğrul Gazi, zaten hepimizin bildiği gibi Osmanlı İmparatorluğu'nun kurucusu Osman Bey'in babası... Şeyh Edebali ise, Osman Bey'in kayınpederi. Osman Bey'in gerçek ismi Orhun'muş. Kayı Boyu'nun, o günkü tüm isimlerine baktığımızda, bir tane bile Arap kökenli isim göremiyoruz zaten. Genelde Ertuğrul Gazi, Alp Arslan, Konuralp gibi isimler. Nitekim Osman Gazi'nin oğlunun ismi de yine bir Türk ismi, Orhan.

Şeyh Edebali bizzat Orhun Bey'e; 'Bundan sonra senin ismin Osman olsun, soyun bu isimle anılsın.' demiş. Hz. Osman'ın resimlerine baktığın o kılıcının, *mana sırlarını* Osman Bey'e söyleyerek teslim etmiş.'

Erdal konuşması bitince bardaktan bir yudum su içti. Anlatılanları elindeki telefondan, Hz. Osman'ın Topkapı Sarayı'nda sergilenen kılıcının resimlerine bakarak merakla dinleyen Hulusi Bey, telefonu geri verirken, "İnanılmaz şeyler, araştırmak gerek. Tabii işin ehilleri olayı biliyordur." dedi.

Erdal gülümseyerek telefonu tekrar Hulusi Bey'e uzattı.

"Sen de aynı benim Tekin'e yaptığım şeyleri yapıyorsun. Ben de baktım diyerek geri vermiştim. Abi, kılıcın resimlerini biraz büyüterek tekrar bak!" dedi.

Hulusi Bey dudak bükerek telefonu geri aldı. Kılıcın resimlerinden bir tanesini seçerek resmi yavaşça büyütmeye başladı. Ekranda büyüyen resimle birlikte onun gözleri de büyümeye başlamıştı.

"Hadi canım! Aman Allah'ım!"

Sözler Hulusi Bey'in ağzından istemsizce çıkmıştı. Çok heyecanlandığı belliydi. Tam o sırada Erdal gülümseyerek kendisinden oldukça emin bir ses tonuyla konuşmaya başladı.

"Kılıç ustası Osman bin Talha ve Sureyc kabilesinden bahsettim. Osman bin Talha, Arap ismi taşımasına rağmen Türk'müş. Hz. Osman'ın kılıcını, bizzat kılıç ustası Türk Sahabe yapmış ve Hz. Osman'a hediye etmiş. Yani o kılıcı yapan Osman Bin Talha...

Hulusi abi, bizzat gidip o kılıcı yerinde gördüm. Resimlerini ben de çektim. Resmi büyütünce gördüğün o damga çıplak gözle de gayet açık bir şekilde kılıcın üzerinde görülüyor. Evet, sana da şok yaşatan şey, kılıcın üzerinde Kayı Boyu'nun damgası var. **IYI** şeklindeki meşhur o Kayı Boyu damgasını biz de gördüğümüzde şok olmuştuk. Damga o kılıcın üzerinde çünkü bu kılıcın ustası Kayı Boyu'ndan. Ve araştırdım damgayı o kılıca sonradan eklemek mümkün değil. Kılıç yapılırken o damga vurulmuş."

Hulusi Bey telefonun ekranında gördüğü Hz. Osman'ın kılıcı üzerindeki kayı boyu damgasından gözlerini alamazken Erdal heyecanla konuşmasını sürdürüyordu.

"Abi muhteşemliğe bakar mısın? Kâbe'nin anahtarları daha o dönemde bir Türk kabilesi olan Sureyc'te. Peygamberimiz Hz. Muhammed Mustafa (s.a.v), ayet nazil olunca Kâbe'nin anahtarlarını Hz. Ali ile tekrar aynı Türk'e veriyor. Ve o Türk bir kılıç yapıp üzerine Türklerin binlerce yıldır kullandığı damgayı vurarak Hz. Osman'a hediye ediyor."

Hulusi Bey şaşkındı. Hayretler içerisinde hâlâ elindeki telefondan Hz. Osman'ın kılıcı üzerindeki Kayı damgasına bakıyordu.

"Beyler ne diyeceğimi bilemiyorum. Bu müthiş bir şey!" derken nefes alıp verişi sıklaşmıştı. Kalbi delicesine çarpıyordu. Telefonu Erdal'a uzatırken heyecandan elleri titriyordu. Erdal bu kadar heyecanlanmasına anlam veremese de bilginin muazzamlığının farkındaydı. Hele milliyetçi duygularla yoğrulmuş bir kişi için sevinmemek, heyecanlanmamak mümkün değildi.

Hulusi Bey masadaki su şişesini alarak bardağını doldurdu. Gözlerini yumdu, aralarda nefes alarak suyunu yudum yudum içti. Ne yapsa da heyecanına engel olamıyordu.

"Dostum da demişti bir şeyler. O zaman da sevinmiştim." diye söze başladı. Ama nedense nefes nefese gibi konuşuyordu. Hakan mecburen "İyi misin abi?" diye sormak zorunda hissetti kendisini.

"İyiyim, iyiyim merak etmeyin." dedi. Bardaktan birkaç yudum daha su içerek konuşmasını devam ettirdi.

"Biricik dostum demişti ki Hz. Hasan'ın kayınbabası Türk'tü. Kufe'ye girdiği zaman Hz. Hasan kucağında ölürken, Allahümme yuzafferekümmü'l etraki illel ebedi diye dua etti. O dua hâlâ yaşıyor, yaşatıyor."

Hulusi Bey, hâlâ derin nefesler alıp veriyordu. Çok gariplesmişti. Masadakiler onu, hiç böyle görmemişti. Hulusi Bey içinde kopan fırtınayı teskin edemiyordu. Aklındaki *acaba o mu* sorusu, heyecanlı bekleyiş, sakinleşmesini önlüyordu.

Yerinden kalktı, "Beyler müsaadenizle lavaboya gideyim." diyerek masadan ayrıldı.

Sıcak yaz akşamında çalan klasik müziğe, esen tatlı bir rüzgâr eşlik ediyordu. Mekânın loş ışıkları eşliğinde bazı masalardan şen kahkahalar yükseliyordu.

Hulusi Bey masadan ayrıldığında Hakan, "Beyler Hulusi amca nedense çok etkilendi. Durumu garip, korkuyorum. Geldiğinde konuyu değiştirelim. Başka şeylerden konuşalım. Heyecanlanmasın." demek zorunda hissetti kendisini.

Erdal da "Bu gece epey farklılaştı. Neden öyle oldu acaba?" dedi.

Sonuçta masaya geri döndüğünde başka şeylerden konuşmak üzere anlaştılar.

Bir süre sonra Hulusi Bey mütebessim bir ifadeyle geldi, koltuğuna oturdu. Masada oldukça hararetli bir sohbet vardı. Daha çok Ali derdini anlatıyor gibi görünse de aslında herkes bir şeyler söylüyordu.

"Olmuyor abi işte. Neden olmuyorsa, olmuyor. Ötelerde başka şekilde karşımıza daha hayırlı bir şey olarak çıkar ümidindeyiz. Yani anlayacağın ben duamda tam olarak istediğim şeyle gerçek hayatta karşılaşamıyorum. Olmuyor. Benim duam istediğim şekilde kabul olmuyor, vesselam!" diyerek koltuğuna yaslandı Ali.

Hulusi Bey ister istemez, "Hayırdır, Ali olmayan nedir?" diye sormak zorunda hissetti kendisini.

Ali biraz canı sıkkın şekilde cevap verdi.

"Abi, çok arzu ettiğim bir şey var yıllardır nasip olmadı. Çok uğraşıyorum, çalışıyorum, çabalıyorum ama olmuyor. Hakan da bana, *dua edeceksin kardeşim* dedi. Ben de onu anlatıyordum. Sanki dua etmiyor muyum? İnan gece yarıları kalkıp teheccüd namazı kılıyorum. Yalvarıyorum, yakarıyorum ama olmuyor. Duam istediğim şekilde kabul olmuyor. Hayırlısı diyoruz. Onu konuşuyorduk arkadaşlarla."

Hulusi Bey gülümsedi.

"Aslında her dua kabul olur. Zira Allah *isteyin vereyim* buyurmuş. Haşa Allah yalan mı söyleyecek, asla! Dediyse demek ki verecek. Şimdi yok efendim duan kabul olmuyorsa daha hayırlısını verecektir ya da ne bileyim ötelerde karşına daha hayırlı şeyler olarak çıkacak demek, doğru olmaz. Ha sözümü yanlış anlamayınız. Zira o söylenenler de doğrudur. Elbette ki daha hayırlısı ötelerde karşına çıkacaktır muhakkak. Zamanı ve mühleti de var olabilir. Ama biz işin teselli boyutunda ne diye uğraşıyoruz. Teselli ikramiyeleriyle ne diye kendimizi avutuyoruz. Allah, isteyin vereyim buyurduğuna göre zaten vermeyecek olsaydı sana o şeyi istetmeyecekti. Eğer ki ellerini kaldırtıp kendisinden istetiyorsa sana bu isteme iştiyakını ve arzusunu veriyorsa demek ki o istediğin şeyi sana verecek. Sen el kaldırıp istediğin halde o şey sana verilmiyorsa hemen işin tesellisine düşmemek lazım gelir. Hani şu sizin dediğiniz gibi ötelerde karşıma daha iyi şeyler olarak çıkacak bu dünyada kabul olmayan dualar şeklindeki teselliler elbette doğrudur. Ama dedim ya, sana o şeyi isteme arzusunu verdiyse ve ellerini açmayı, istemeyi nasip ettiyse demek ki verecek. Ama istediğin şey tüm bunlara rağmen olmuyorsa bir şey eksiktir de ondan olmuyordur.

Bakınız, Allah ve sisteminde her şey şaşmaz kanunlarla işler. Bunu doğa kanunları diyerek izlersiniz. Buharlaşan su havada bulut olur, soğuk hava tabakasıyla karşılaşınca yağmur olur, kar olur yağar. İşte aynen böyle, Allah yarattığı bu muhteşem sistemi şaşmaz kaideler üzerine yaratmıştır. Ellerini açmayı ve istemeyi nasip ettiyse onu sana verir. Zira isteyiniz vereyim buyuruyor. Bu artık sistem olmuştur. Olmuyorsa sen de eksik bir şeyler vardır, onu bulmalısın!" diyerek sustu.

Masadaki herkes dikkatlice Hulusi Bey'i dinliyordu. Ali daha bir dikkatle dinlediği için konuşması bittikten hemen sonra; "Abi olmuyorsa sen de eksik bir şeyler vardır dediniz. O eksiklikleri anlatacak mısınız yoksa ben mi bulayım?" deyince masada hafif bir gülüşme oldu.

Zira soru sormamak gerektiğini az çok herkes öğrenmişti. Ali zekice niyetini soru sormadan anlatmaya çalışıyor gibiydi.

Hulusi Bey de bu zekâya gülmeden edemedi.

"Bak, sana bir hatıramı anlatayım dostumla ilgili. Camide böyle vaaz veriyor yine bir gün. Vaaza devam ederken birden,

'Elini kaldırdığın zaman duanın kabul olmasını istiyor musun oğlum?' diye cemaate seslendi. Tabii cemaat pür dikkat kesildi. Ben de...

'Ama öyle vır vır efendim evin damı yarım kaldı, ya Rabbi damı yap! Efendim İstanbul'a gidecektim, 100 liram var, bi' 300 lira... Böyle dua olmaz. Buna kepaze duası derler. Dua o değil oğlum!' dedi cemaate.

Bir anda celalli bir şekilde bunu söyledi. Sonra da, 'Duanın kabul olmasını istiyorsan öyle o şekilde yaptığın duayı da kabul eder Allah. Az önce dediğim gibi 100 lira, 300 lira istediğin duayı da kabul eder. Hem de hemen kabul eder. Vallahi kabul olur duan.' dedi.

Ben dostumun ağzından vallahi kelimesini duyunca daha çok dikkat ettim. Zira vallahi yemininin ne büyük bir yemin olduğunu hem kendisi hem de hocalarım anlatmışlardı. Zira vallahi demek çok büyük bir yemindir.

Neyse uzatmayayım ben yine konuya döneyim. Dostum, 'Vallahi kabul olur duan!' diye devam etti vaaza.

'Ya Rabbi bunaldım on bin kâğıt istiyorum de hemen, o duanı da kabul eder. Peki, nasıl kabul edilecek?' dedi.

Cemaat merakla dinliyordu.

'Buradan çıktığında, ben bunu yapacağım diyeceksin. Bu işlerin binde birini bile ben söylemiyorum ona göre.

Buluğ yaşından itibaren kılmamış olduğun bütün namazlarının kazalarını yaparsan, kaza namazlarını kılarsan, şu andan itibaren de beş vakit namazını geçirmez vaktinde kılarsan, elini kaldırdığın gibi duan kabul olur. On bin lira, yedi yüz yirmi beş kuruş, otuz para iste, hepsi gelir.

Bütün kaza namazlarını kılıp bitirdikten sonra kaldır elleri-ni et duanı...

İmam-ı Azam çok zengindi. Harardı, hatta ipek satardı. Abdülkadir Geylani Hazretleri çok zengindi. Aha bu hesap! Onun için kaza namazlarınızı kılın.

Sen bir defa namazlarını tamamla, hesap defterini tamamıyla doldur da ondan sonra elini kaldır. Bütün bunları yaparken ağzına helal lokma sokacaksın ha!' diyerek anlattı vaazında kabul olunacak duanın sırrını."

Hulusi Bey bakışlarını Ali'ye çevirdi.

"Bu hatıramı anlatarak dostumdan çok büyük bir sırrı ben de sana anlatmış oldum Alicim. Şimdi sen bir de böyle dene bak neler oluyor, sonra gel yanıma." dedi.

Ali bu duydukları karşısında çok sevinmişti. Yüzünün halinden belliydi.

"Allah razı olsun sizden, hocanızdan ve dostunuzdan Hulusi amca." diyerek bu memnuniyetini dile getirdi.

Masadaki diğerleri de Hulusi Bey'e bu muhteşem bilgi mukabilinde şükranlarını sunmaya başladılar.

Sıcak yaz akşamında yüksek bir otel binasının çatı katındaki bu hoş mekânda vatanlarından uzaktaki insanların konudan konuya atlayarak devam eden sohbetleri olanca hızıyla devam ediyordu.

Dikdörtgen şekilli oldukça uzun su havuzundan gelen su şırıltısı genç yatırım uzmanı Mehmet'in aklına Tekin'in şirketini getirmiş olacak ki "Hakan ne durumda senin ortağın şu su enerjisi işi?" diye sordu.

Hakan, "Tekin'in en sıkıntılı yatırımı... Mühendis bulacağım diye durmadan üniversitelerde geziyor. Geçen ay Nevada Üniversitesi'ne gitti. Orada füzyon konusunda uzman bir profesör varmış. Onu şirketine transfer etmeye çalışıyor. Açıkçası son gelişmeleri bilmiyorum. Ama tüm vaktini neredeyse o şirkete harcıyor." diye cevap verdi.

Mehmet düşünceli bir şekilde, "Çok zor bir işe girişmiş. Ama başarabilirse hem milyarder olacak hem de dünyayı değiştirecek." deyince, Hakan; "Tekin için zor başarılır, imkânsız biraz zaman alır." dedi.

Masadakiler Hakan'ın bu lafına epey güldüler. Masada tek gülmeyen Hulusi Bey'di. İçinde adeta fırtınalar kopmaya başlamıştı. Su enerjisi dendiği andan itibaren içindeki ses yine sormaya başladı, *acaba o mu?*

Yeniden heyecanlanmıştı. Aklında gece boyu konuşulanlarla birlikte bazı özel kelimeler dönmeye başlamıştı. Limni, Niyazi Mısri, Türklükle ilgili bilgiler... Bunlar yetmezmiş gibi üstüne bir de su enerjisi!

Hulusi Bey, kolunun sarsılmasıyla bir anda kendine geldi. Erdal kolundan tutuyordu.

"İyi misin abi? Bir şeyin yok değil mi?"

Aklının karmaşası, heyecanı belli ki dışa çok yansımıştı.

İçindeki heyecanı bastıramasa da "İyiyim, iyiyim. Anılara dalmışım." dedi gülümseyerek.

Hakan, "Abi, bir iki dakikadır sesleniyoruz. Sende görüntü var ses yok olunca, korktuk." diyerek güldü. Hakan'ın muzipliği her zamanki gibi üzerindeydi.

Hulusi Bey de gülümseyerek, "Yaşlılık artık olur öyle şeyler." deyip geçiştirmek istedi.

Hakan hemen cevap verdi. "Ne yaşlılığı, delikanlısın abi, daha yolun yarısı."

Diğerleri de "Daha yol uzun. Durmak yok, yola devam." diyerek neşelendirmeye çalışıyorlardı. Oysa Hulusi Bey içindeki fırtınadan, konuşulanları nerdeyse duymuyor gibiydi.

"Hakan bahsettiğiniz nedir? Su enerjisi falan dediniz, nasıl bir şirket bu? Suyla ne yapmaya çalışıyor Tekin Bey?" diyerek soruları ardı ardına sıraladı.

Hakan biraz duraksadı. "Abi nasıl anlatsam şimdi? " diyerek konuşmaya başladı.

"Sudan, elektrik elde etmeye çalışıyor. Ama öyle basit bir elektrik değil! Müthiş bir enerji var suda, diyor. Bunu açığa çıkartarak temiz ve bedava enerji elde etmeye çalışan bir şirketi var. Konuyu tam detaylı olarak bilmiyorum. Tekin'in yatırımlarından birisi. Yazılımdan kazandığı parayı orada harcıyor."

Her zamanki klasik Hakan'ın espriyle biten konuşmalarından birisiydi.

Mehmet masanın diğer tarafından, konuşmaya dâhil oldu.

"Abi istersen ben, olayı sana özetleyeyim. Tekin'in uğraştığı iş öyle ne hayal gibi bir şey ne de çok kolay. Tekin 2023'e kadar bu füzyon enerjisinin bulunacağını, ipi birilerinin göğüsleyip süper güç olacağını düşünüyor ki dediği de doğru. Burada Amerika'da, borsa danışmanlığını yürüttüğüm üç Japon teknoloji şirketi var. Onlar da bu işin peşinde olduğundan teferruatlı biliyorum konuyu. Büyük bir ihtimalle Tekin'in dediği tarihten daha önce bulunacak gibi.

Şimdi Fransa'da bir laboratuvar var. Orada deneysel bir reaktör ürettiler. Amerika, İngiltere, Fransa, Rusya, Japonya, Kore, Çin, parasal ve bilimsel katkı yaptı, Fransa'daki Uluslararası Termonükleer Deneysel Reaktörüne. Zaten bu alanda çalışan ufak çaplı firmalara bile gayet ciddi destekler veriyor hükümetler. Eğer başarabilirlerse sıfır kirlilik üreten ve neredeyse sıfır maliyeti olacak olan füzyon enerjisi üretimi hayata geçecek ve bir galon deniz suyu, üç yüz galon petrol kadar enerji üretmeye başlayacak.

Bu olabilir mi sorusu sorulmuyor artık, çünkü olabileceğini görmüşler, suda muhteşem bir enerji varmış. Oraları geçtiler, tam anlamıyla ne zaman gerçekleştirebileceklerini tartışıyorlar. Bunun için de yatırımlarını elektrikli arabalara kaydırıyorlar. Elektrikli otomobiller, dünyanın petrolle çalışan en kaliteli otomobillerinden daha iyi performans göstermeye başladılar biliyorsunuz."

Ardından masadaki diğer arkadaşlarına bakarak güldü.

"Benim aşağıdaki Tesla'yı hepiniz sürdünüz. Sizin benzin canavarlarıyla yarışıyor hatta onları geçiyor." diyerek konuşmasına devam etti.

"Elektrikli gemi ve uçaklar da yolda. Füzyon hemen hemen bedava elektrik sağlayacağı için, bu tür teknolojilere sahip ülkeler kelimenin tam anlamıyla bedava yaşamaya başlayacaklar. Yeni dünya düzeninde enerji, her şey demek... Enerjiye ucuz ulaşan gücü elinde tutacak...

Bu olay gerçekleştikten sonra yani füzyon olayını hayata geçirdikten sonra dünya inanılmaz derecede değişecek. Ve sonrasında bilim kurgu filmlerinde gördüğümüz her şey gerçekleşmiş olacak!" dedi.

Duydukları Hulusi Bey'in daha da heyecanlanmasına sebep olmuştu. Masadaki cam şişeden bir bardak su doldurdu.

Birkaç yudum içtikten sonra Hakan'a bakarak, "Tekin Bey, bu deniz suyundan enerji elde edilmesi işine ciddi olarak yatırım yapıyor mu?" diye sordu.

Hakan'ın yüzünde acı bir gülümseyiş belirdi.

"Yatırım da kelime mi abi! Sermayeyi kediye yükledi. Diyorum bir hayale bu kadar para akıtma. Ama dinlemiyor. Yazılım şirketinden çok para kazanıyor. Gidiyor onu kurduğu Star Laboratuvarı'na harcıyor. Su ve özellikle deniz suyu hakkında araştırma yapan profesörleri doldurdu laboratuvara. Hükümetten de ciddi miktarda kaynak aldı ama kendisi de çok para yatırdı hâlâ da yatırıyor bu işe."

Bu cümleler Hulusi Bey'i bir anda yıllar öncesinin karlı bir kasım ayında Zeyrek Yokuşu'ndaki o acı güne götürdü. Hatıralar bir anda bu cümlelerle canlandı. Emaneti hatırladıkça heyecan her yanını sarıp sarmaladı.

Bu sıcak yaz akşamında ılık bir duş çok iyi gelmişti. Hem yorgunluğunu almış hem de zindelik katmıştı. Buzdolabından soğuk su şişesini aldı. Bardağa su doldururken ister istemez içindeki enerjiyi düşünüyordu.

"Sen nasıl bir şeysin ya, sensiz yaşamak bile mümkün değilken, ne belli bir tadın, ne belli bir rengin var. Tarif et deseler tarif bile edilmezsin. Ama içindeki enerjiyi bile bilmiyorlar."

Tekin suyla konuşuyor gibiydi. Ama bu aslında onun bir şeyi çözmeye çalışırken uyguladığı yöntemdi. Sadece sesli olarak düşünüyordu. Elindeki bardaktan küçük yudumlar alarak cama doğru ilerledi. Büyük cam kapıyı yana doğru itince küçük balkonundan dışarıya baktı. Hava sıcaktı. Karşısındaki müthiş manzaraya aklındaki düşünceleri dağıtmak istercesine bakıyordu.

Tekin, evinin manzarasını çok seviyordu. Zaten sırf bu manzara yüzünden evin yüksek maliyetine katlanıyordu. En sıkıntılı zamanlarında veya bir şey düşünürken mutlaka koltuğa oturup uzun süre manzaraya bakardı. Evden gördüğü manzara, bu hareketli ve gürültülü şehrin tam merkezinde ısrarla sükûtunu koruyan, içine atılacak bir tek adımla sakinliğin ve huzurun kapılarını aralayan muhteşem, yemyeşil bir parktı. Tekin bu parka New York'un ormanı diyordu.

Central Park görülesi bir yerdi. 4 km uzunluğunda, içerisinde üç büyük göl, farklı birçok bitki, binlerce ağaç ve hayvanlar ile müthiş bir ormanı andıran çok büyük bir yerdi. Buraya yakın bir evde oturmak New York'ta yaşayan insanlar için müthiş bir şanstı. Hele ki evinizin pencereleri oldukça yüksekten bu parka bakıyorsa…

Central Park gece ışıklandırılınca ayrı bir huzur veriyordu Tekin'e. Elindeki bardaktan soğuk suyunu yudumlamaya devam ederken gözleri parka dalmıştı ama aklı suyun içindeki enerjideydi. Zamanının çoğunu füzyon enerjisi şirketine harcıyordu. Şirketinin laboratuvarında profesörler yoğun bir şekilde çalışıyordu. Suyla gelecek enerji, dünyayı yeniden şekillendirirken ön saflarda yer almak istiyordu. Bu işe giriştiğinden beri aslında çoğu insan gibi kendisinin de suya hiç dikkat etmediğini fark etmişti. Susayınca içip geçiyordu. Ama ne kadar muazzam bir şey olduğunu bu enerji işine girdiği andan itibaren çok iyi anlamıştı.

Sudan enerji elde etmek için füzyon enerjisi konusunda yatırım yapmak amacıyla Star Laboratuvarları'nı kurduğunda işe aldığı Profesör Larry Alderman'ın sözlerini anımsadı.

"Su bireyin en temel ihtiyacıdır. Eksikliği, önemli sağlık sorunlarına neden olur. Bedenimiz su kıtlığı çektiğinde mutlaka vücudumuzun herhangi bir yerinde bulunan suyu kullanmaya başlar. Eğer vücut su kıtlığı çektiğinde, kandaki suyu kullanırsa yüksek tansiyon hastalığına yakalanırız. Vücut su kıtlığı çektiğinde, omurlardaki suyu kullanırsa bel ve boyun fıtığı hastalığına yakalanırız. Vücut su kıtlığı çektiğinde, kemiklerdeki suyu kullanırsa gut ve artrit gibi romatizmal hastalıklara yakalanırız.Vücut su kıtlığı çektiğinde, akciğerdeki suyu kullanırsa astım hastalığına yakalanırız. Vücut su kıtlığı çektiğinde, pankreastaki suyu kullanırsa şeker hastalığına yakalanırız. Vücut su kıtlığı çektiğinde, midedeki suyu kullanırsa ülser hastalığına yakalanırız. Bağırsaklardan su eksilirse kabızlık meydana gelir ve kolon kanseri olma tehlikesi yaşarız. Hücrenin su eksikliği çok artarsa beynimiz hücreye oksijen göndermeyi keser. Oksijen kesilmesi sonucunda da hücre kanserleşme sürecine girer. Size şunu rahatlıkla söyleyebilirim, baş ağrısının önemli sebeplerinden biri susuzluktur. Beynin yüzde doksanı sudan oluşmaktadır. Bu nedenle susuzluğun ilk belirtileri beyin fonksiyonlarında ortaya çıkar. Birçok zaman oluşan baş ağrısı aslında hiç ilaç kullanmaya gerek kalmadan sadece su içerek tedavi edilebilir. Su yaşamımız için muhteşem bir enerji barındırır haklısınız. Ama bunu elektriğe çevirmek çok zor hatta imkânsıza yakın. Çok para harcamanızı gerektirecek bir işe neden giriyorsunuz?"

O gün profesöre "Ben imkânsıza zar atarak bugünlere geldim." demişti.

Sözünü anımsayınca güldü. Zaten farklı bir düşünce yapısında olduğunu Star Laboratuvarları'nda çalışan bilim adamlarına zaman içerisinde göstermişti. Sabah erkenden laboratuvara gidiyordu. Mutlaka her sabah şirketinde çalışan tüm bilim adamlarıyla sabah kahvaltısında bir araya geliyor, her birinden son durum hakkında bilgiler alıyordu. Çok kitap okuyordu. Bulduğu her bilgiyi profesörlere anlatıyor, onların her dediğini not alıyordu. Bu toplantıları ses kayıt cihazına kaydediyor sonra bunları tekrar dinliyordu. Laboratuvarda sudan enerji elde etmek amacıyla çalışmalar yapılırken elde edilen sonuçlar her sabah, kahvaltıyla yapılan toplantıda Tekin'e sunuluyordu. Bu çalışmalarda edindiği bilgilerle yaptığı işler sonucunda ne kadar girişimci ve gözü pek olduğunu, olaylara yaklaşım tarzının farklı olduğunu aynı laboratuvara bağlı ek şirketler kurarak göstermişti. Su ile ilgili yapılan çalışmalardan sonra profesörlerin sunduğu bilgiler neticesinde Bozon ve Pearl şirketlerini kurmuş, yeni kurulan her iki şirketin bu laboratuvara bağlı olarak çalışmalarını sürdürmelerini sağlamıştı.

Yine öyle bir gündü. Laboratuvarda çalışan bilim adamları sabah toplantısında ulaştıkları bazı bilgileri paylaşıyorlardı.

"Tekin Bey çalışmalarımız suyun her bir hafıza hücresinde 440.000 bilgi hücresi olduğunu gösteriyor. Ve her bir bilgi hücresi etrafındaki tüm bilgileri depoluyor. Bu hücrelerin her biri, çevreleriyle kendilerine özgü bir etkileşim içinde. Bu etkileşim sırasında su, dünya ile ilişkisini bir manyetik band gibi kaydediyor. Laboratuvardaki elektriği açtığımızda ya da dua ettiğimiz sırada, birbirimize teşekkür ettiğimizde, öfke duyduğumuzda su değişiyor. Çalışmalarımız gösteriyor ki su müthiş şekilde etrafındaki her tür bilgiyi depoluyor." demişlerdi.

Ardından diğer bir Profesör, "Edindiğimiz bu bilgilerle yıllar öncesinde yaşanmış bir olayı çözümledik." diyerek o olayı anlatmıştı.

"Tekin Bey, olay 1956 yılında, Güneydoğu Asya'da bir yerde meydan gelmiş. Resmi kayıtlar, rapor dosyamda var, bakabilirsiniz.

Olay yeri, kitle imha silahlarının geliştirildiği ve üretildiği gizli bir askeri laboratuvar. Orada birkaç yıldır güçlü ve yeni bir bakteriyolojik silah nesli üzerinde çalışıyorlarmış. Bilim adamları bitmek bilmeyen gizli toplantıların birinde bu silahların hangi özellikleri taşıması gerektiği ve atıldığı yerdeki insanlarda nasıl durumlara yol açacağı hakkında detaylı açıklamalarda bulunuyorlarmış. Toplantı sırasında masanın etrafındaki tüm bilim adamları şiddetli ağrılarla yere yığılmış. Acilen hastaneye kaldırılmışlar. Ne olduğu konusunda yapılan araştırma kısa süre içerisinde çıkmaza girmiş. Çünkü bilim adamları masanın üzerinde bulunan sürahideki sudan başka bir şey tüketmemişler.

Su laboratuvarlarda incelenmiş. Hiçbir zararlı madde bulunamamış ama sonuç değişmemiş ve raporda da böyle belirtilmiş. Sudan zehirlenme... Fakat suya karıştırılmış, eklenmiş zehirli bir madde bulunamamış.

Meseleyi hâlâ çözememişler. Laboratuvarımızdaki sonuçlara göre, su dışarıdan gelen etkileri alıyor ve o kalıba giriyor. Yani su, o şeye dönüşüyor. Etrafındaki konuşulan sözler suda değişiklikler meydana getiriyor. Bu suyun önemli bir gizemi! Yalnız her kalitedeki su bunu yapamıyor, efendim. Bazı özel sularda bu durum meydana geliyor."

O gün Tekin'in laboratuvarda deli gibi dolaştığını gördüler. Gülümsüyor, sorular soruyor, odasına girip çıkıp telefonla görüşmeler yapıyordu. Ertesi gün kahvaltıda kararını açıkladı.

"Beyler, bugün iki yeni şirket kuruyorum. Bu şirketler için gerekli mühendis ve uzmanları bulmak amacıyla birkaç gün burada olamayacağım. Esas işiniz, füzyon olayını gerçekleştirerek sudan enerji elde etmek. Fakat bu uğurda çalışırken su ile ilgili elde edilen her tür bilgi bana lazım. Yeni şirketlere bu laboratuvardan konularıyla ilgili bilgiler vereceksiniz. Bozon;

bir bilgisayar firması olacak, yeni nesil bir bilgisayar. Su ile çalışacak ama enerjisini sudan almak anlamında değil. Her türlü işlemi su üzerine yürüten bilgiyi depolama ve her tür işlemi su ile yapan süper bir bilgisayar yapmaya çalışacaklar. Pearl şirketi; geçmiş sesleri tekrar duymayı sağlayacak bir cihaz geliştirecek. Detayları ilerleyen zamanlarda size anlatırım..."

Hâlâ Central Park'ın göz alabildiğince uzanan yeşilliğine bakıyor, olayları anımsadıkça gülümsüyordu. "Milleti fazla bekletmeyelim." diyerek cam sürgüyü çekti.

Hızla elbise odasına geçti. Acele etmeliydi, fazla oyalanmıştı ama duş almak zorunda olduğunu hissetmişti. Neticede uykusuzdu, gecikmesi bu yüzdendi. O durumda milletin karşısına çıkamazdı. Uçakta biraz uyumuştu ama o rüyayı görünce uyanmış bir daha da uyuyamamıştı. Yine aynı rüyayı görüp kalkınca yolculuğun uzun bir bölümünü, ne anlama geldiğini düşünerek geçirmişti. Serdar havalimanında kendisini karşıladığında bile aklı hâlâ rüyasındaydı. Hakan'dan gelen telefon sayesinde biraz canlanmıştı ama bu sefer de içinde garip bir heyecan oluşmuştu. Hulusi Bey'le tanışacak olması, sebebini bilmediği bir heyecan veriyordu.

Belki de Hakan'ın gecenin bir yarısı telefonla arayıp "Tekin, hani sana Hulusi amcanın hocası şöyle diyormuş, dostu böyle diyormuş diye bilgiler veriyordum ya. İşte dostu da, hocası da Hızır aleyhisselam ile görüşüyormuş." dediği içindi bu heyecan.

Elbise odasında kıyafetleri arasında hangisini giyeceğini kısa süre düşündü. Geceye uygun bir takım elbise seçti. Beyaz gömleğini aynanın karşısında giyerken aklı yine sorular sormaya başladı.

"Yapmam gereken ne? Neyi yapmam gerekiyor?" sözler ağzından istemsizce çıkmıştı.

Evet, bir de bu vardı. Aynı rüyayı uçakta yine görmüştü. Kısa bir rüyaydı. Ama uzun süreli aralıklarla aynı rüyayı tekrar tekrar görüyordu. Rüyadan hemen sonra kalktığında gece yarısı oluyordu. Ne kadar geç yatarsa yatsın bu rüyayı görerek kalktığında sanki saatlerce uyumuş, dinlenmiş ve zinde oluyordu. Rüyayı düşünerek, *yapmam gereken ne*, diye kendisine sorarak sabahı ediyordu. Bir süre sonra rüyanın üzerindeki etkisi, günlük hayat, iş yaşamının yoğunluğu arasında azalıyor tam unuttuğu sırada aynı rüyayı tekrar görüyordu. Hem de aynı şekliyle, ne bir eksik ne bir fazla. İzlediği bir filmi tekrar izlemek gibiydi bu rüya.

Aslında çok uzun bir rüya değildi. Sanki kısacık bir film fragmanı gibiydi. Rüyasında her yer karanlıktı, zifiri bir gece karanlığı… Karşısında orta boylarda, bir insan!

"Bana gel. Kendini bul. Sonra dön ve yapman gerekeni yap." diyordu.

Bu sözden sonra zaten bir anda uyanıyordu.

Masadakiler sudan enerji elde edilmesi konusuna kendilerini kaptırmışlar ilgiyle yeni edindikleri bilgileri birbirlerine anlatmaya başlamışlardı. Tabii bu konuda en detaylı bilgileri, borsada danışmanlığını yaptığı enerji şirketlerinden dolayı Mehmet ve Tekin'in en yakın arkadaşı olması nedeniyle Hakan veriyordu. Mehmet ve Hakan yeni kurulacak enerji devlerini anlatmaya devam ederken Hulusi Bey de içinde kopan heyecan fırtınası ile *acaba o mu diyerek*, sormaya devam ediyordu.

Hakan oturduğu koltuktan, "Nihayet! Şükür kavuşturana." diyerek kalktı. En yakın dostu, iş ortağı Tekin, garsonun arkasında masaya doğru geliyordu. Hakan masadan ayrılarak birkaç adım attı, öne doğru çıktı. Hasretle kucaklaştılar.

Masadakiler de ayağa kalktı. Tekin sırayla her biriyle tokalaşıp sarıldı. Sıra Hulusi Bey'e gelince, Hakan, "Her zaman bahsettiğim çok değerli büyüğümüz, Doktor Hulusi Bey." diyerek takdim etti.

Tekin saygıyla Hulusi Bey'in elini tutarak eğilip öptü.

Gülümseyerek "Ben de Hakan'ın iş ortağı Tekin Gökberk. Tanıştığımıza memnun oldum." dedi.

"Bizlerde sizinle müşerref olmaktan mutluluk duyduk. Ben Hulusi Ak!"

Herkes oturunca Ali, garsondan çayları tazelemesini istedi. Kısa bir süre masadakilerle Tekin arasında karşılıklı sağlık, sıhhat sorma tarzında nazik konuşmalar geçti. Garson masaya çayları getirdikten sonra da günlük hayatla ilgili konuşmalar bir süre daha sürdü.

Hulusi Bey sabırsızlanıyordu. Garip bir heyecan sarmalından istese de çıkamıyor, belli etmemeye çalışarak dikkatle Tekin'e bakıyordu.

Kafasında, acaba o mu sorusu aklını kemirmeye devam ediyordu.

Bir süre sonra Tekin, "Hulusi Bey nihayet tanışabildik, Hakan sizden öğrendiklerini bana aktarıyor. İnanın sizi tanımayı çok istedim. Sırf o yüzden uçaktan indiğim gibi geldim. İnşallah ben de sizden o güzel bilgileri dinlemek isterim." dedi.

Hulusi Bey çayından bir yudum alarak o meşhur babacan tavrıyla gülümsedi.

"Bilmukabele efendim. Biz de sizinle tanışmakla bahtiyar olduk."

Mehmet, "Tekin nasıl gidiyor senin şu enerji işi? Var mı bir şeyler? Duyduk Limni'deymişsin. Yoksa orada laboratuvar falan mı kuruyorsun? " diyerek sohbete girince, Tekin bu söze epey güldü.

"Rakip şirketlere bilgi vermek yok!" deyince masadakiler de Mehmet'e bakarak gülüşmeye başladılar.

Kahkahalar kesilince Tekin, "Mehmet, her şey iş mi? Limni, benim için manevi bir vatan meselesi. Füzyon ile bir alakası yok. " dedi.

Hulusi Bey dikkatle aralarındaki konuşmayı dinliyordu. Tekin kısa bir cevap verip susunca o da mecburen söze karıştı.

"Affedersiniz Tekin Bey, ben de merak ettim. Hakan bahsetmişti Niyaz-i Mısri hazretleri ile ilgiliymiş ziyaretiniz. Ben kendisini çok severim. Eserlerini, şiirlerini çok okudum. O yüzden ilgimi çekti. Türbesini ziyaret ettiniz galiba çok sevindim."

Tekin sözlerin hemen ardından Hakan'a baktı. İstemsizce ellerini kaldırarak, "Ben bir şey demedim. Limni'yi duyunca zaten kendileri tahmin etti." diye savunmaya geçti Hakan.

Hulusi Bey nedense Limni sözünü masada ilk duyduğu andan itibaren pür dikkat kesilmişti. Zaten konu açılmasaydı bir şekilde kendisi soracaktı. Mehmet'in konuya değişik bir açıdan da olsa girmesi iyi olmuştu. Belli ki pek bir şeyler anlatmak istemiyordu.

Çayından bir yudum alan Tekin, "Hulusi amca şimdi nasıl anlatsam bilemiyorum. Anlatmak epey zaman alır. Sana da anlatmamak olmaz. Ama kısaca şöyle diyebilirim. Eğer doğru olacaksa ve nasip olursa Niyaz-i Mısri hazretlerinin kabri şeriflerini Elmalı'ya, çok sevdiği hocası Ümmi Sinan hazretlerinin yanına naklettirmeyi arzuluyorum. Ama mümkün olmazsa da en azından Limni'de türbesi ve çevresiyle alakalı bir şeyler yapmak istiyorum. Canlı, yaşayan küçük bir tasavvuf köyü haline getirmek istiyorum orayı. Yunan hükümetine karşılığında cazip teklifler sunmaya çalışıyoruz. Ne derece olur bilemiyorum. Nasip!" diyerek sustu.

Hulusi Bey bu sözler karşısında çok mutlu olmuştu. Ama içindeki hisler daha da artmıştı. Bu durum heyecanlanmasına sebep oluyordu.

Kimdi bu adam. "Yoksa o mu?"

Duygularını bastırarak, sevindiğini belli etmek istercesine gülümsedi.

"Çok güzel, çok muazzam şeyler düşünmüşsünüz." diyebildi sadece. Esas sormak istediklerini bir türlü soramamıştı. Daha yeni tanışmışlardı. Hemen üst üste sorular sormak yanlış anlaşılmasına sebep olabilirdi. Hem bir de bu beklediği, kişiyse... Evet, dikkatli ve nazik olmalıydı.

Ama sadece Hulusi Bey merak içerisinde değildi anlatılanlar karşısında. Ali söze karıştı.

"Çok hoş, çok güzel Tekinciğim de niye böyle bir uğraş içine girdin sen? Hani epey tahrip olmuş türbeler var. Malum Bosna'da mesela! Hatta Anadolu'da bile bakım ve tadilat bekleyen o kadar türbe varken niye Limni'deki o türbe?"

Tekin biraz duraksadı. Çayından bir yudum içti. Ali'ye bakarak konuşmaya başladı.

"Uzun mesele! Gördüğüm bir rüya ile ilgili. Hem ben oraya 1694'ten, 1915'e ve ayağı bukağılı bir evliyanın 30 Ekim 1918'de

Mondros'ta attırdığı imzanın yeri olarak bakıyorum. Benim o konu hakkında düşüncelerim vatanperverce." dedi.

Tekin'in ağzından dökülen cümlelerde yine bir gizemin varlığı sezildiği için Ali'nin bir şey demesine fırsat vermeden masanın diğer tarafından Mehmet laf attı.

"Gece uzun dostum, sen anlat!"

Diğerleri de "Evet gece uzun dinliyoruz." diyerek Mehmet'e destek verdiler.

Aralarında kısa bir bakışma oldu. Hepsi "Hadi anlat bekliyoruz" dercesine yüzüne bakınca; "Limni adasına Niyaz-i Mısri hazretlerinin türbesi için hayata geçirmek istediğim projeyle ilgili gittim. Zaten son bir yıldır zaman zaman ziyaret ediyorum. Vatanperverce bir proje bence. Hem de tekrar eden bir rüya yüzünden gidiyorum." diyerek konuşmaya başladı.

Hulusi Bey'in içindeki fırtına daha da şiddetleniyordu. Limni, Niyaz-i Mısri, Türklükle ilgili bilgiler, su enerjisi, bunların üstüne şimdi bir de rüya. Sanki yıllar önce eline verilen pazılın parçaları yavaş yavaş yerine oturuyor gibiydi.

Hayırdır nasıl bir rüya, demek istedi ama daha tanışır tanışmaz bu kadar soru sormak ayıp olur diyerek soramadı. Aklında kopan fırtına kendisini daha da heyecanlandırsa da belli etmemeye çalışarak Tekin'i ilgiyle dinlemeye devam etti.

"Beyler belki tanıyorsunuz belki de tanımıyorsunuz Niyaz-i Mısri hazretleri, yaşadığı devrin en büyük âlimi. Evliya bir zat.

Hatta şunu da söyleyebilirim ki o devrin kutbu." diyerek Hulusi Bey'e baktı. O da onaylarcasına başını hafifçe salladı.

Tekin o sakin tavrıyla konuşmasını sürdürdü.

"Niyazi Mısri'nin macerası 1617'de Malatya'nın bir köyünde başlamış. Küçük yaşlardan itibaren büyük âlimlerden dersler alarak başladığı ilim hayatı sonucunda Kahire'ye kadar gitmiş. Orada gördüğü bir rüyada, Şeyh Abdülkadir-i Geylânî buralarda boşuna dolaşmamasını, aradığı mürşidin bu şehirde olmadığını, Anadolu'da olduğunu söylemiş. Bunun üzerine yeniden Anadolu'ya dönmüş. Bir süre Anadolu'da arayışını sürdürse de rüyalar devam etmiş. Ümmi Sinan hazretlerine kavuşuncaya dek bu yolculuk ve rüyalar sürmüş. Ümmi Sinan'ı bulunca neredeyse kalbinin şifasını bulmuş."

Kısa bir mola vermek için çayından bir yudum aldı. Masadaki herkes pür dikkat kendisini dinliyordu. Tekin tekrar anlatmaya kaldığı yerden devam etti.

"Daha sonraları kırk dört yaşına basmış olan Niyazi Mısri'yi önce Bursa'da, sonra da payitaht İstanbul'da görüyoruz. Kendisi de ulemadan olan Sadrazam Köprülü Fâzıl Ahmet Paşa döneminde Osmanlı düzeninin ideolojik gelgitleri sık sık yaşanmaya başlamış. O sıralarda tekkeler kapatılmakta, zikir ve semah yasaklanmakta, dervişler tutuklanmaktaymış. Niyaz-i Mısri bir cuma günü İstanbul'da, Ayasofya Camisi'ne gitmiş. Padişah IV. Mehmet namazı Ayasofya'da kılıyormuş. Niyaz-i Mısri, cuma vaazına çıkmış ve zikrin faziletlerinden, tarikat mensuplarının din ve millete yaptığı hizmetlerden, tekkelerin birer ilim ve irfan merkezi olduklarından ve yetiştirdiği büyük şahsiyetlerden söz eden tesirli bir konuşma yapmış. Tekkelerin kapatılmasıyla bu irfan ocaklarının söndürülmek istendiğini söylemiş.

Padişah bu vaaz sonrasında harekete geçmiş. Tekkeler açılmış, yine devranlar, zikirler, semahlar başlamış, irfan ocaklarının kandili yeniden uyandırılmış.

Niyaz-i Mısri'nin ilerideki vatanperver çabaları, onun başına büyük işler de açmış. 1672 yılında Polonya seferine çıkılacağı sırada padişah, manevî destek olsun diye onu ve müritlerini de sefere davet etmiş. Ancak ateşli konuşmalarla etrafına topladığı binlerce adam, yönetimi ürkütmüş, onun silahlı bir ayaklanmaya önderlik edeceğinden korkulmuş ve sonuçta Rodos adasına sürgün edilmiş. Dokuz ay kalmış bu ilk sürgününde. Yeniden Bursa'ya dönmüş.

Niyazi Mısrî, Sultan 2. Ahmet'in iktidarı döneminde Avusturya muharebesine davet edilmiş. Sultan Ahmet kendisine karşı büyük bir saygı ve sevgi beslemekteymiş. Bu yeni genç padişahın Niyazi Mısri hazretlerine olan sevgisi, saray etrafında çıkarları olan bazı çevreleri çok rahatsız etmiş. Niyazi Mısri'nin, cifir ilmiyle ileride olacak bazı şeylerden, bazı kişilerden verdiği haberler ve bunların zamanı gelince aynen dediği gibi çıkmasından büyük rahatsızlık duyuyorlarmış. Çünkü artık saray etrafında çok akçeli işler dönmeye başlamış.

Niyazi Mısri hazretleri padişahın mektubunu alınca dervişlerine, "Allah için cihat etmek isteyen benimle gelsin." demiş ve silahlarıyla beraber üç yüz kadar dervişini toplamış. Bu durum bahsettiğim o akçeli işlere karışan bazı saray çevresini rahatsız etmiş. Yeni padişahı, Niyazi Mısri'ye karşı türlü iftiralarla kötülemeye başlamışlar. Tabii ki bunda özellikle cifir ilmiyle gelecekten verdiği haberleri büyücülük, kâhinlik gibi sözlerle yaftalayarak padişahı etkilemeye çalışmışlar.

Niyaz-i Mısrî'nin devlet içinde farklı yapılanma niyetleri olduğu dedikodularına aldanan padişah, bizzat savaşa katılmak yerine dergâhında ordunun muzaffer olması için dua buyurmasının daha uygun olacağını söyleyen bir mektup göndermiş sonradan. Niyaz-i Mısri, *işittik, itaat ettik* deyip Bursa'ya geri dönmüş. Fakat genç padişah kendi gönlündeki sevgi ile etrafındakilerin anlattıkları arasında bocaladığı için bir hafta sonrasında tekrar çağrılmış, 'Küffarla vuruşurken sen de bizimle ol, senden manevi kudret alalım.' tarzında sözlerle. Niyaz-i Mısrî, tekrar dervişlerini alıp, Edirne'ye gitmiş. Edirne'ye yakın bir yerde konakladıkları sırada bir üçüncü ferman gelmiş ve Niyaz-i Mısrî'nin tekkesine dönüp duada bulunması istenmiş. Tabii burada o bahsettiğim saray çevresinin akçeli işlerine karışanların türlü oyunları olmuş yine. Niyazi Mısri'nin iş başında bulunan hainleri padişaha tek tek bildireceği söylentisi, devlet adamları arasında, özellikle de Kâdızâdelilerden Vânî-i Cânî lakaplı Mehmed Efendi'de telaş uyandırmış. Sadrazam Bozoklu Mustafa Paşa, Mısrî Efendinin duasını almak isteyen ve sonra sefere çıkılmasını uygun gören Sultân II. Ahmet'i, bu zât geldiği takdirde büyük bir fitne zuhur edeceği yolundaki telkinleriyle fikrinden vazgeçirmiş. Fakat Niyaz-i Mısri bu kez gelen bu son fermana rağmen Bursa'ya dönmemiş, padişaha çevresindekilerin yanlış bilgi verdiklerini bildiren bir mektup yollayıp, yola koyulmuş. Niyaz-i Mısri, Edirne'ye gelip vaaz vermek üzere Selimiye Camisi'ne indiği zaman, halk caminin etrafını doldurmuş, kalabalıktan içeriye girilemez olmuş. Bu durumu gören sadrazam, Niyâzî-i Mısrî'nin, derhâl tutuklanıp sürgün edilmezse büyük bir karışıklık çıkacağını padişaha telkin etmiş. Bunun üzerine Niyaz-i Mısrî tekrar Limni'ye sürülmüş. Ayağına bukağı takılarak bir arabaya bindirilip aniden yola çıkarılmış.

Niyaz-i Mısri bu sefer çok incinmiş ve giderken, "Osmanlı'nın inkırazı, çöküşü için dördüncü kat semaya bir kazık çaktım. Bu kazığı benden başka kimse çıkaramaz." demiş.

Bir müddet sonra adada vefat etmiş. Ayağındaki bukağılarla defnedilmiş.

Zaten gerisini biliyorsunuz. Birinci Dünya Savaşı sonunda ateşkes isteyen Osmanlı Devleti ile İtilaf Devletleri arasında 30 Ekim 1918 yılında Limni Adasında Niyâzî-i Mısrî'nin gömüldüğü yere bakan Mondros Limanında, Agamemnon zırhlısında yapılan antlaşma ile Osmanlı'nın çöküşü tescil edildi. Osmanlı'yı çökerten anlaşma onca yer dururken Limni adasında imzalandı."

Sözleri bitince, gözleri elindeki bardağa donuk bir halde baktı Tekin. Çayından bir yudum aldıktan sonra tekrar konuşmaya başladı.

"Niyaz-i Mısri, zamanının büyük velilerindendir. Hatta zamanın kutbudur. Cifir ilmine hâkim olduğu için henüz gerçekleşmemiş bazı şeyler hakkında geleceğe dönük olarak bilgiler vermiştir. Cifir ilmi zamanın âlimleri tarafından tam olarak anlaşılamadığı ve Niyaz-i Mısri hazretlerinin dedikleri de aynen gerçekleştiği için devamlı surette düşmanlıklara ve iftiralara maruz kalmış. Böylelikle padişah, etrafındaki dalkavuklara inanarak, vatanperver büyük bir Allah dostunu incitmiş, olmaması gereken muamelelere maruz bırakmış. Hayatını derinlemesine araştıracak olursanız ona yapılanların aslında devletin geleceğine yönelik düşmanlıklar olduğunu, aslında devletin bekasına yapıldığını çok rahat anlarsınız. Şimdi Niyaz-i Mısri hâlâ Limni'de ve hâlâ ayağında bukağı var. Ne ilginçtir ki devletimiz de yıllardır borç prangalarından bir türlü kurtulamamakta..."

Tekin son cümlelerini karşıdaki gökdelenlerin ışıltısına donuk gözlerle bakarak söyleyip sustu.

Ali, "Peki sen bu konuda ne yapmayı düşünüyorsun? Limni'ye gittiğine göre. Seni az çok tanıdık artık, pek boşa kürek çekmezsin." dedi.

Bu sözler karşısında gülümseyerek yanıt verdi Tekin.

"Benim, kendimce uğraştığım bir projem var. Tabii bu hükümet tarafından uğraşlarımıza bir destek bulamadığımız anda devreye girecek bir proje. Danışmanlığını yaptığımız firmalar vasıtasıyla Limni'ye otel, sinema gibi düşündüğümüz bir kompleks kurma fikrimiz var. Karşılığında Yunan hükümetinden Niyazi Mısri'nin kabri şerifini restore etme, çevresini düzenleme projemizi onaylamasını isteyeceğiz."

"Çok güzel düşünmüşsün. Umarım yapmak istediğin şeyleri bir an evvel yaparsın. Allah yardımcın olsun. Ben aslında başka bir şey sormuştum. Vatanperverce bir düşünce demiştin. Bu dediklerini yapmakta ki esas amacın ne?" diye sordu, Ali.

Tekin çayından bir yudum daha aldıktan sonra bakışları elindeki bardağa odaklanmış bir halde cevap verdi.

"Bence Niyaz-i Mısri hazretlerinin gönderildiği yer, Osmanlı İmparatorluğu'nun yıkılma sürecine noktanın konduğu Limni adasının Mondros kasabasıdır. Bir tasavvuf büyüğüne, Şeyh Edebali hazretlerine, gösterilen saygı ile kurulan Osmanlı Devleti'nin, bir başka tasavvuf büyüğüne yapılan hakaretle yıkılma sürecinin sona erdiği yerdir.

Artık Niyaz-i Mısri yeniden yorumlanmalı, bu büyük mutasavvufun ruhaniyetinden özür dilenmeli, devlet tarafından iade-i itibar edilmelidir. Yani demem o ki gönlü alınmalı tabiri caizse semaya çaktığı çivi artık çıkartılmalı. Bunu devlet çıkartmazsa halk çıkartmalı. Gönül dediğin şey ölmediğine göre Niyaz-i Mısri'nin devletimize karşı kırılan gönlünü tamir etmek bize düşer."

Sözler karşısında herkes bir garip olmuştu. Tekin sözlerinde devamlı haklı çıkan bir adam olmasa belki bu kadar tesirli olmazdı anlattıkları. Masadakilerin birçoğu, Niyaz-i Mısri ismini yeni duymuş olmasına rağmen Tekin'in kısacık anlatımıyla bile yapılan hatanın büyüklüğünden emin olmuş gibiydiler. Yanındaki koltukta oturan Ali'nin omzuna dokunarak gülümsedi. Kelimeleri nedense tek tek ve ağırca söyledi.

"Biz şimdi Niyaz-i Mısri'den özür dileyip Mondros'ta ayağımıza geçirilen bukağıdan kurtulalım mı, kurtulmayalım mı?"

Masada kısa süreli bir sessizlik oldu. O kısa anda duyulan sadece mekânın loş atmosferindeki klasik müziğin ritimleriydi.

Bir süre sonra Hulusi Bey konuştu.

"Düşünceleriniz, fikirleriniz inanın bambaşka. Başka bir dünyanın insanı olduğunuz belli. Arkadaşlarınızın niye gelişinize bu kadar sevindiklerini gayet iyi anladım. Şu kısacık sürede bile farkınızı hemen hissettirdiniz."

Tekin bu sözler karşısında çok sevinse de biraz mahcup bir şekilde, "O, sizin teveccühünüz efendim." diyerek karşılık verdi.

Hulusi Bey, o hoş gülümsemesiyle sözlerini devam ettirdi.

"Ben de Niyaz-i Mısri hazretlerini çok severim. Muhyiddin-i Arabi ekolünden gelir kendisi. Hocam da çok severdi. Dostum da severlerdi kendilerini. Limni'ye gidip ziyaret ederlerdi sık sık. O yüzden sizin orada olmanız ilgimi celbetmişti.

Sizin de anlattığınız gibi Niyaz-i Mısri zamanın kendilerine ulema kılıfı uydurmuş art niyetli kişileri tarafından zulme uğramış büyük bir zattır. Dediğiniz gibi yaşadığı dönemin kutbudur. Yani evliyaların başı. Bir keresinde hocamla Limni'ye gitmiştik. Anlattıkları hâlâ kulaklarımdadır. Niyazi Mısri hazretlerini o gün tanımıştım. Dilerseniz ben de birkaç şey eklemek isterim," deyince Tekin, "Çok memnun olurum tabii ki buyurunuz." diye cevap verdi.

Masadakiler bu sefer dikkatlerini Hulusi Bey'e yönelttiler.

"Derdest edilip götürülürken Niyaz-i Mısri öfkeliydi. Zaten celalli bir kişilikti, korkusuzdu. Edirne'den dışarıya doğru atlar dörtnala koşarken Limni'ye, padişahın yanındaki dalkavukların oyunlarıyla tekrar sürgün edilişini düşündükçe daha da celallendi. Araba mezarlıktan geçerken bir kabrin başında dua etmekte olan Şeyh Ali Gülşenî ve dervişi Hasan Gülşenî arabanın hızından ve etrafındaki askerlerden meraklandı. Kalabalıktan birilerine sorup ne olduğunu öğrenen şeyh, yanındaki dervişine, "Koş evladım. O arabaya yetiş, önüne yatıp durdur. Ne yap et o mübareğin nazarını celalden, cemale çevir." dedi.

Hasan Gülşenî koştu. Arabaya yetişip durdurdu. Niyaz-i Mısrî pencereden başını çıkarınca, hâlâ yerde yatmakta olan derviş, "Hazretim, Şeyhim Ali Gülşenî ve ben fakir rica ederiz, nazarınızı öfkeden çekip güzelliğe çevirin. Allah aşkına..." dedi.

Niyaz-i Mısrî meseleyi anladı ve hafifçe tebessüm edip arabadan aşağıya atladı. Yeniçeri bölüğü tetikte bekliyordu. Niyaz-i Mısrî'nin yüzü mütebessimdi artık.

"Evladım, bizim öfkemiz devam etseydi, Edirne'nin altı üstüne gelirdi." dedi.

Ve bir mezar taşının baş tarafını sağ koluyla hafifçe kavrayıp sarstı, orada bulunan herkes sallandı. Ama sallanan sarsılan sadece oradakiler değildi. O anda Edirne sallandı. Bu depremi zaten Osmanlı kayıtlarında yazılı olarak bulabilirsiniz. Kayıtlıdır. Kısacık bir depremdi, fakat hepsi çok korkmuştu.

Niyaz-i Mısri gemiyle Limni'ye götürüldü. Ertesi yılın 16 Mart'ında vefat etti. Vasiyeti üzerine ayaklarındaki bukağı ile gömüldü. Çok zaman sonra, yapılan hatayı anlayan Sultan Abdülmecid savaş öncesi sarayında, bir eserde büyük evliyanın bir şiiriyle karşılaştı. Şiirde tam o günün tarihini yazmıştı cifir ilminin üstadı Niyaz-i Mısri. Hatta Abdülmecid'in yardımcısının ismini dahi şiirinde vererek, onunla kendisine bir koç yollayacağını da belirtiyordu, yüzyıllar öncesinden. Abdülmecid, bu büyük evliyanın gönlünü almak, hatayı telafi etmek istedi. Uğraştı da ama iş işten geçmişti. Ve senin dediğin gibi hâlâ ayağında bukağılarla... "

Hulusi Bey cümlesini tamamlayamamıştı. İçinde kabaran hissiyatı gözlerinde birkaç damla yaş olup akınca hemen cebinden mendilini çıkararak sildi.

"Afedersiniz, Niyaz-i Mısri'ye yapılanlar aklıma geldikçe, o büyük sultan orada anlaşılamamışlığıyla, vatanseverliğiyle, uğradığı zulümlerle ve ayağında bukağılarla..."

Sözlerini yine tamamlayamadı. Masadaki şişeden bir bardak su aldı. Birkaç yudum içtikten sonra Tekin'e bakarak,

"Yapmaya çalıştığınız müthiş bir şey. Zaten birisi zamanı geldiğinde yapacaktı. Umarım vakit gelmiştir. Her şey vakti saatini bekler, zaman mühürlüdür." dedi ama konuşmakta zorlanıyordu.

İçinde kabaran hisler, sorduğu o soruyla aklına gelen hoş hatıralar, hocasıyla Limni'deki sohbeti... Artık mendiliyle gözlerini silmek de faydasızdı. İçinde kabaran duygulara hâkim olamıyordu.

Koltuktan hızla kalktı.

"Müsadenizle, lavaboya gideyim." diyerek masadan ayrıldı.

Hulusi Bey masadan ayrıldıktan sonra kimse bir şey diyemedi. Aslında bakışlar çok şey anlatsa da hissedilenler bazen kelimelere dökülemiyordu.

Ali masaya çöken hüznü dağıtmak istercesine garsonu çağırdı. "Bize tekrar çay getiriver."

Barış yanındaki Erdal'la fısıldayarak konuşuyordu.

"Niyazi Mısri'nin bazı şiirleri için hani benzetmekte hata olmasın ama Nostradamus'un şiirleri gibi gelecekten haberlerle dolu deniliyor."

Musluktan akan suyu avuçlarına doldurup yüzüne çarptı. ... ça ferahlamaya başladı. Akan suyu boşa gidermeme çabasıyla hızlı bir şekilde yüzünü yıkadı. Su hakkında inanılmaz sırları, hocası yıllar önce ona anlattığı günden itibaren israf etmemek için çabalayıp durmuştu.

Saçlarını ıslattı. Aynada kendisine baktı. Niye böyle olmuştu? Niye kendisini frenleyememişti? Hiç böyle olmazdı hâlbuki. Ama nedense bugün içinde kabaran duygulara, coşkuya, heyecana engel olamıyordu. Zaten o yüzden Niyaz-i Mısri'yi anlatırken duygularına yenilmiş, gözlerinden yaşlar gelmiş, sözcükler adeta boğazına dizilmişti.

Musluğu tekrar açtı. Avuçlarına su doldurdu. Kısa bir süre avucundaki suyun güzelliğine baktı. Yüzünü yıkarken bu sefer dostunun sözleri aklına geldi.

"İman sahibi olan Müslüman, Allah ile Peygamber arasındadır. İnsan ile Allah arasında ise su vardır. Bu sözümü sakın unutma!" demişti dostu. Yıllardır da unutamamıştı bu sözleri. Hatta dostunun o hoş sesinin tonunu bile unutmamıştı.

Avuçlarına tekrar su doldurup yüzüne serpti. Sular yüzünden süzülürken aynada akseden görüntüsüne baktı uzun süre. Yüzündeki su damlalarının süzülüşünü izlerken, yıllar önce dostunun camide vaaz verirken söylediği sözler kulağında çınladı.

"Yağmur damlalarını, yapraklar üzerinde kalan damlaları, kapalı çeşme musluğundan tek tek akan damlaları, damlaların meydana getirdiği sivri, saçak buzlarından akan damlaları, gözlerden akan inci gibi damlaları... Seyret! Seslerini dinle... Dinleyebilirsen... Duyabilirsen...

Yağmur başlarken yüzüne vuran damlaları düşün. Bunlar toplanırsa, toprak elverişli ise bereket olur. Toprak kabul etmezse sel olur, felaket olur. O su damlasında yaratıcının gücü gizli..."

Tekrar hızlı hızlı yüzüne su serpti. Kollarını yıkadı. Ferahlamıştı.

"Sakin olmalıyım. Hele onu biraz daha tanıyayım. Neler biliyor, biraz sınayayım. Şu rüyasından bahsettirmeliyim." diyerek kendisiyle konuştu. Yan tarafındaki duvarda asılı olan makinadan birkaç tane kâğıt havlu çekip ellerini yüzünü kuruladı. Saçlarını tarayıp, kravatını düzelterek masaya geri dönmek üzere lavabonun kapısına yürüdü.

Garson yeni çay bardaklarını bırakırken, boşalan bardakları alıyordu. Masadaki sohbet Hulusi Bey'in lavaboya gitmesiyle kısa süreliğine kesilmişti. Ama konunun derinliği ve merak uyandırması Tekin'e sorulan sorularla birlikte yeniden başlamıştı.

Niyaz-i Mısri ve cifir ilmi hakkında konuşurlarken Hulusi Bey gülümseyerek masaya geri döndü.

"Affedersiniz beyler, Niyaz-i Mısri hazretleri benim çok sevdiğim bir evliyadır. Çok büyük bir zattır. Ona reva görülen muameleyi hatırlayınca biraz kötü oldum. Kusura bakmayın." diyerek koltuğuna oturdu.

Hakan, hemen cevap verdi.

"Ne kusuru abi. Biz de kötü olduk. Moral bozucu şeyler,"

Hulusi Bey masaya kendisi için bırakılan çaydan bir yudum aldı. Düşünceli bir hâli vardı.

"Tekin Bey, Niyaz-i Mısri hazretlerini neden Malatya'ya değil de Elmalı'ya naklettirme arzusundasınız? Zira biliyorsunuz kendisi Malatyalı."

Tekin hiç düşünmeden cevap verdi.

"Büyüklerimiz gönül ölmez derler. Eğer gönül ölmez ise Niyaz-i Mısri hazretlerinin gönlü oradadır, Ümmi Sinan hazretlerinin yanında. Elmalı'dadır, diye düşünmekteyim."

"Çok güzel bir düşünce yapınız var, farklı düşünüyorsunuz." dese de sormak istediği başka sorular da vardı.

"Neden böyle bir kanıya vardınız? Zira kendisi Malatyalıdır. Zannedersem Malatyalılar da böyle bir intikal olayını sevinçle karşılarlar."

Masadakiler ikisi arasında geçen sohbeti dikkatli bir şekilde dinliyordu. Tekin'in uğraştığı her işin sonunda mutlaka ince bir detay olduğunu da artık öğrenmişlerdi.

Tekin yine düşünmeden cevapladı.

"Niyaz-i Mısri'nin gördüğü rüya üzerine Anadolu'ya döndüğünü söylemiştim. Mürşit arıyordu kendisine. Bursa'dayken başka bir rüya görmüştü. Rüyasında bir kalaycının ibrik kalaylarken ikiye bölüp önce içini kalaylayıp tekrar birleştirerek dışını kalayladığını görür. Rüyasında gördüğü bu kalaycının mürşidi olduğunu ya da onu mürşidine ulaştıracak bir insan olduğunu düşünerek yollara koyulur. Artık rüyasındaki o kalaycıyı arıyordur... Aradan tabii ki yıllar geçer. Bir gün Uşak'tadır. O günlerde kaldığı tekkede mürşit Ümmî Sinan Hazretlerinin, Elmalı'dan, Uşak'ta kalmakta olduğu o tekkeye doğru yola çıktığı söylenir. Bekler. Geldiğinde tanışırlar.

Ümmî Sinan Hazretleri; 'İbrik nasıl kalaylanır, derviş Mehmet Mısrî oğul!' der.

Niyaz-i Mısri hazretleri bu söz karşısında şaşırır. Zira rüyasından asla kimseye bahsetmemiştir. O an tamamen mürşidine teslim olup onun talebesi olur. Mürşidi Ümmî Sinan Hazretleri ile Antalya'nın Elmalı kazasına gider ve 1647-1656 yıllarında orada kalır. Sevgi ve saygıyla hocasına bağlıdır.

Meşhur bir olayı da vardır.

Yıl 1655'tir. Ramazan ayına bir gün kalmış ve Niyaz-i Mısri otuz dokuz yaşındadır. Elmalı'da dokuz yıl kadar Sinan-ı Ümmi hazretlerinden ders ve terbiye almıştır. Bir süreliğine ayrılmış sonra tekrar Ümmi Sinan hazretlerinin yanına dönmüştür.

'İyi ki döndün evladım. Ben de Ramazan'ın ilk günü öğle namazı için camiye gelen cemaate, orucun faziletlerini layıkıyla anlatacak birini arıyordum. Artık sen vaaz edersin.' der Ümmi Sinan hazretleri.

Ertesi gün emri yerine getirmek üzere Elmalı Ömer Paşa Camii'ne doğru yola çıkmadan evvel destur almak için hocasının yanına gittiğinde; 'Dört arkadaşın da seninle beraber gelip vaazını dinleyecek. Ha aklımdayken şu somun ekmeği al, vaazdan sonra cami avlusundaki şadırvanda bu somunu suya katık edip afiyetle yersin.' der Ümmi Sinan hazretleri.

Her ne kadar bu emir dolayısıyla çok şaşırmış ve hayrete düşmüş olsa da mürşidinin emir ve tavsiyelerine hiç tereddütsüz, harfiyen ve derhal uyulması gerektiğini öğrenmiştir. Niyaz-i Mısri'nin, Ramazan ayında hem de camide orucun faziletleri hakkında vaaz verdikten sonra çıkıp şadırvanda çeşme başında ekmek yemesi, su içmesi olacak iş değildi ama mutlaka bir hikmeti olmalıydı. İmtihanı büyüktü. Aklındaki tereddütleri atarak, 'Tamam, Sultanım.' der.

Niyaz-i Mısri hazretleri, Ömer Paşa Camii'nde oruçla ilgili gönüllere tesir eden dokunaklı bir vaaz verir. Cemaat tarafından büyük bir beğeni ve dikkatle dinlenen Niyaz-i Mısri camiden çıktıktan sonra mürşidinin emrini yerine getirmek üzere şadırvana gider. Tasını suyla doldurur ve Ümmi Sinan hazretlerinin verdiği ekmeği yemeye başlar. Durumu gören cami cemaati, 'Bu ne zındıklıktır,' diye üzerine yürür. Türlü hakaretlerle birlikte, iş onu tartaklamaya, sille tokat dayağa kadar varınca; onunla birlikte gelen dört arkadaşı yetişip ortalarına alarak Ümmi Sinan hazretlerinin dergâhının olduğu yokuşu, soluk soluğa koşarak tırmanmaya başlarlar. Arkalarında hiddetlenmiş bir kalabalık da vardır. Ona en iyi cezayı Sinan-ı Ümmi hazretlerinin vereceğini düşünerek dergâhın kapısına dek kovalayan kalabalık, Sinan-ı Ümmi hazretlerinin gür sesiyle irkilir.

'Demek Ramazan'da güpegündüz oruç bozmak, yiyip içmek ha! Bilerek oruç yemenin cezası nedir? İki ay oruç tutmak. Atın bunu hücresine! İki ay boyunca oruç tutacak!'

Niyaz-i Mısri sınavının ne derece çetin olduğunu o vakit anlar. İki ay boyunca yemeden içmeden çok az katıkla, çok az suyla riyazet ve mücahede ile nefsinin son arzu ve heveslerini kırmaya çalışacaktır. İki ayın sonunda Ümmi Sinan hazretleri, dervişleri ile birlikte Niyazi Mısri'nin hücresine gelir.

'Mehmed Mısri, nasılsın?' hitabına, 'Sağlığınıza duacıyım şeyhim!' cevabını alan Ümmi Sinan hazretleri, 'Bakıyorum da daha nefsin ölmemiş! Sana kırk gün daha halvet, Mehmet Mısri.' der.

İmtihanın çetinliği bir kat daha artmıştır.

Niyaz-i Mısrî, bu çetin sınavı da başaracak ve nefsiyle giriştiği yüz günlük savaştan sapasağlam, belki de daha diri çıkacaktı. Buna arkadaşları yürekten inanıyorlardı. Çünkü Niyaz-i Mısri eskiden beri, kırk günlük çile ve halvetin azlığından yakınırdı.

Yüzüncü günün akşamı, namazdan sonra Sinân-ı Ümmî hazretleri doğruca Niyaz-i Mısri'nin hücresine gitti. Arkasında oğlu Süleyman, bütün dervişler ve en geride de durumu merak eden Elmalılılar...

Hücrede ses soluk yoktu. Ümmi Sinan hazretleri, kapıyı hafifçe aralayıp içeri seslendi.

'Mehmet Mısrî, nasılsın?'

Üç kez aynı sesleniş...

Ancak üçüncüsünden sonra, içeriden cılız bir inleme sesi duyulabildi.

'Hû!'

Herkes derin bir nefes almıştı. Sinân-ı Ümmî hazretleri, kapıyı iyice açtı, yürüdü. Arkasından da oğlu ve dört derviş onu takip etti. Niyazi Mısri, kıbleye dönük, yüzükoyun yatıyordu. Başta şeyh hazretleri ve oğlu olmak üzere dört can yoldaşı atıldılar, onu tutup yerden kaldırdılar. Çok bitkin olan Niyazi Mısri'nin gözleri kapalıydı ve yürüyemiyordu.

Şeyhi, o bilinen gür sesiyle; 'Yürü evladım Mehmet Mısri!' dedi.

'Ölmeden önce öldün, şükür! Yürü!'

İlk gün sadece su içebildi Niyaz-i Mısri, ertesi gün yoğurtlu çorba ve üçüncü gün bunun içine katılmış biraz ekmek içi...

Üçüncü günden sonra gözleri açılmış, tam kendine gelebilmişti. Niyaz-i Mısri halvete girdikten sonra şeyhi Sinân-ı Ümmî, kırk koyun aldırarak onları besiye çektirmişti. Dördüncü günden itibaren kırk gün boyunca birer birer kesilerek Niyazi Mısri'ye, dervişlere ve bütün Elmalılı halkına ziyafet oldu.

İşte bu gibi olaylar Niyazi Mısri'nin hayatında çok. Onun hayatında Sinan-ı Ümmi hazretlerinin yeri başka. Dolayısıyla Elmalı'nın yeri başka... Zaten bunu şiirlerinde de görmek mümkün. Hatta o meşhur şiirini siz de bilirsiniz.

Senr-i Elmalı canda bulmalı

Ümmi *Sinan'dır* şöhret-i zatı

Dost illerinin menzili ki ali göründü

Derdi dile derman olan Elmalı göründü, demektedir.

Onun için de ben gönlü oradadır, hocasının yanındadır diye düşünmekteyim."

Hulusi Bey'in duyduğu her sözle birlikte içindeki heyecan artıyordu. Tekin'in anlattığı hadiseler masadaki herkesi etkilemişti. Ama Hulusi Bey geçmişte kendisine verilen bir tarif ve o tarifle birlikte aldığı bir görevden dolayı duydukları karşısında daha fazla etkileniyordu. Aklı devamlı aynı soruyu sordukça bu heyecan daha da artıyordu. Tam emin olamasa da yıllar sonra hocasının dediği kişiyle karşı karşıya olduğunu hissetmeye başlamıştı. Hocasının yıllar önce o rüzgârlı Limni sabahında söylediği sözleri kulağındaydı.

"Evlat olması gereken olur ve olacaklar zamana rehindir. Bu işi yapacak olan daha gelmedi. Ben göremem amma sen görürsün onu."

Hulusi Bey heyecanını bastırmaya çalıştı.

"Öyle bir anlattınız ki sanki yaşamış gibi. Belli ki Niyaz-i Mısri'yi çok iyi araştırmış ve hayatını özümsemişsiniz. Ama en önemlisi konuyu şimdiye kadar kimsenin düşünmediği bir noktadan yakalamışsınız. Umarım başarılı olursunuz. Hocamın Niyaz-i Mısri hazretleri ile ilgili bana verdiği çok özel bazı notlar var. Dostumda çok güzel ve çok garip bir kitap vermişti hazretle ilgili. Dilerseniz bir gün onları size gösteririm."

Bir anda gözleri parlayan Tekin, "İnanın çok mutlu olurum." dedi.

Hulusi Bey bu söze, çayından bir yudum alırken gülümseyerek karşılık verdi.

"Anlattıklarınıza göre olmaması gereken şeyler yaşanmış ve büyük bir evliya rencide edilip, küstürülmüş. Ama dostum ne yapabilirsin ki olan olmuş. Üzerinden yüzyıllar geçmiş. Bence kabrini taşımak gibi şeylerle uğraşma. Demek istediğini ve yapmak istediğin şeyi anladım ama aradan geçen yüzyılları da unutmamak gerek. Bir devir yaşanmış ve üzerinden çok zaman geçmiş. Şimdi yapılacak şeyler ne fayda. Olan olmuş maalesef!" diyerek düşüncelerini bir çırpıda özetleyiverdi Ali.

Tekin oldukça mütebessim bir şekilde Ali'ye bakarak gülümsedi.

"Sen zaman diye bir şey var zannediyorsan bu durumda haklısın aradan yüzyıllar geçmiş belki de beyhude bir çaba. Ama ya senin var zannettiğin zaman diye bir şey aslında yoksa. Geçen zaman değil de sen isen!"

Tekin'in sözlerinden sonra derin bir sessizlik oldu. Masadakiler bir anda pür dikkat kesildiler. Hulusi Bey'in içindeki bastıramadığı heyecan bu duyduğu sözlerle daha da katlanıyordu.

Ali dayanamayıp sordu.

"Dostum, zaman diye bir şey yoksa derken neyi kastediyorsun? Biraz açar mısın konuyu?"

Tekin, koltuğundan masaya doğru yavaşça yaklaştı. Sesini kısıp, ağır bir şekilde konuşmaya başladı.

"Ön yargılar ve maalesef çoğunluk tarafından doğru zannedilen yanlışlar yüzünden olayı anlamak epey zor. Zaman denilen kavram çok ilginç bir şey... Düşünün çocukluğumuzda zaman geçmek bilmezdi. Zamanı geçiremez, saatleri sayardık. Günler geçmek bilmezdi. Bu herkesin çocukluğunda istisnasız böyle olmuştur. Ama büyüyünce zaman çok hızlı geçer. O saatler geçmek bilmeyen zamanı artık yıllarla ifade etmeye başlarsın. Günler, aylar, yıllar hızla geçer. Zaman yapacaklarına yetmez olur. Çocuk için geçmeyen zamanın aynı anda yaşayan büyükler için çok çabuk geçmesi hissini verdiren nedir?"

Çayından bir yudum aldıktan sonra kısa bir süre sessizce etrafa bakındı. Masadakiler, söylenenleri düşünüyor gibiydi. Evet, Tekin'in dedikleri doğruydu. Hemen hemen herkesin derdi zamanın yetmemesiydi. Koşuşturmaca içinde kalıyorlar ama bir türlü gün yetmiyordu yapacakları işe. Her zaman dert yanar olmuşlardı. *Daha bir şey yapamadan akşam oluyor,* diye. Ama çocukken de zaman bir türlü geçmezdi. Evet, dediği şeyler doğruydu.

Hulusi Bey bu sözlerle irkilse de belli etmemeye çalışıyordu. Dostunun, dediklerini aklına getirmişti bu sözler. Yıllar önce, camide vaaz veren hocasını dinler gibi hissetti kendisini. Dostunun, sözleri bu kısa zamanda aynı onun celalli sesiyle kulağında çınladı.

"Albert Einstein, zaman ve mekân yoktur demişti. Evet öyledir. Aslında zaman yoktur. Bu hesaplarla insanoğlu atomu buldu. Ay'a bu hesapla gitti. Televizyonu, radyoyu buldu. Birçok ilahi kudretlerin varlığını inkârdan, fiilen olsun kurtulma yolunda bu keşifleri bulan insan kafası, bugün milyonlarca kilometre uzaklarla konuşuyor, birbirlerini görüyor. Bunlar insanların icadı, insan kafası da Allah'ın icadıdır. Zamanın olmadığını bulursan daha ne icatlar çıkacak."

Hulusi Bey yıllar önce dostunun Ankara'daki camide verdiği vaazı sanki o an dinliyormuş gibi hatırlamıştı.

Tekin'in sesiyle hatıralarından sıyrıldı.

"Aslına bakacak olursanız zaman diye bir şey yoktur. Zaman diye bir şey yoktur, dendiği vakit, çoğu insan hatta üniversitelerde doktora yapmış bazı insanlar bile felsefe olarak görüyor bu sözü. Ama işin aslı öyle değil. Bu felsefe değil. Bu aslında apaçık bir gerçekliktir. Zaman yoktur denilerek yapıldı bu icatlar. Televizyon, radyo gibi icatlar bu prensip üzerine kurulu.

Zaten dâhiler, çığır açan icatlarını zaman diye bir şeyin olmadığı olgusuna dayanarak keşfetmişlerdir. Uzay çalışmalarının bütün hesaplamaları zaman yoktur düşüncesiyle yapılabiliyor. Ay'a bu hesapla gidildi. Bu durum aynen böyledir. Araştırırsanız bulursunuz. Yani şu anki düşünülen, kabul edilen manada zaman anlayışı yanlıştır. Zaman geçmez. Aslında geçen biziz. Aslında, geçen eşyalar... Sahip olduğumuzu zannettiğimiz şeyler. Zaman olsa olsa ancak su gibi akar denilir bu durumda."

Tekin'in son cümleleri konuşmayı dikkatle dinleyen Hulusi Bey'in aklında şimşekler çaktırmıştı. Tekin'in konuşmasının devamında söyledikleri Hulusi Bey'i yine yıllar öncesine soğuk bir kış günü, Ankara'da o camideki sıcak vaaza alıp götürdü. Dostunun sözlerini sanki duyar gibi oldu. O sözlerin derinliğini yıllarca düşünmüştü. Dostu bir doktor olmasına karşın din konusunda muazzam bir bilgiye sahipti. Tanınmış bir insandı. Camilerde bile defalarca vaaz vermişti. Yıllar öncesini hatırlıyordu.

Dostu, vaaz kürsüsünde cemaate, "Gözlerinizi açın, kulaklarınızı temizleyin, aklınızı başınıza alın zaman geçiyor demeyeceğim. Çünkü zaman geçmez, yerinde durur. Biz geçiyoruz da geçmek işini, zamanın üzerine yükleme gafletinden kurtulamadığımız gibi, aklımızı da ters tarafa idrak için zorlayıp duruyoruz. Dünya âlimleri, Einstein, kendi izafiyet teorisini haykırdığı zaman ona güldüler, anlayamadılar.

Yakında her şeyle aranız açılacak. Bu ayrılış size danışılmadan yapılacak, ayrılacaksınız. Sizi ferahlatan cümle eşya yürüyüp gidecek. Giderken sizden izin alınmayacak. Dikkat buyurun. Çok dikkat edin! Siz yürümeyeceksiniz, eşya yürüyüp gidecek diyoruz. Çok rica ederim mümin kardeşlerim. Bu sözü çok iyi düşünün." demişti.

Hulusi Bey belli etmemeye çalıştı. Elleri titriyordu. Yıllar öncesinde duyduğu o derin sözler biraz değişik halde karşısındaki kırk yaşına merdiven dayamış bu gizemli adamın dudaklarından dökülüyordu.

Masadakiler anlatılanları hayret ve dikkatle dinliyorlardı. Tekin konuşmasına kısa bir mola vermiş, çaydan yudumlar alarak gökyüzüne bakıyordu. O gökyüzüne baktığı için diğerleri de, *acaba bir şey mi var,* diye merakla gökyüzüne baktılar. Bir şey yoktu. Kısa süre sonra elindeki boşalan çay bardağını masaya koydu ve tekrar konuşmaya başladı.

"Uzayda uygun mesafeye bir ayna konulsa dünyadan teleskopla o aynaya bakıldığında Apollo uzay aracının aya inişini ve Neil Armstrong'un aya ilk adım atışını canlı yayınla izleyebilirsiniz. Bunu NASA'daki tüm profesörler bilir. Bunu biliyor muydunuz?"

Bu yeni bilgiler karşısında hayrete düşmemek imkânsızdı. 1969 Temmuzunda yaşanan Ay'a ilk adım atma sahnesini şu an bir ayna ve teleskopla hem de canlı izlemek nasıl mümkün olabilirdi ki?

Tekin, gülümseyerek konuşmaya devam etti.

"Sadece aydan kırk ışık yılı uzaklığa bir ayna koymak yeterli. O mesafeyi çok net gösterecek bir teleskopla, o yıllarda dünyadaki otuz üç milyon insanın televizyonu başında canlı yayınla izlediği o anı, siz şu an teleskopunuzun başında yaşarsınız. Neil Armstrong'u, teleskopunuzdan canlı yayınla Ay'a ilk adımını atarken görürsünüz."

Masadakilerin duydukları karşısında akılları allak bullak olmuştu. Duydukları şeyler inanılmazdı.

Tekin başını yıldızlarla kaplı gökyüzüne çevirerek, "Gökyüzüne bakın!" dedi.

Hepsi aynen onun gibi yıldızlara bakmaya başladılar.

"Biliyor musunuz, şu an görmüş olduğumuz bu yıldızların ışıkları aslında yıllar önce oradan çıkmış durumda. O kadar uzaktalar ki ışıkları yıllar süren bir yolculuktan sonra dünyaya ulaşabiliyor. Hatta bazılarının ışıkları milyonlarca yıl önceden çıkmış ve bize daha yeni ulaşıyor. Işık yılı tabirini ondan kullanıyoruz."

Herkes gökyüzüne bakarken, bu defa Hulusi Bey'in o hoş naif buğulu sesi duyuldu.

"Evrenle ilgili belgesellere ilgim var. Oradan biliyorum. Bize en yakın yıldızın dahi ışığı Dünya'ya dört buçuk yılda ulaşıyormuş." dedi.

Hulusi Bey'in konuşmasıyla birlikte bakışlar gökyüzünden ona çevrildi. O hâlâ gökyüzüne bakmaya devam ediyordu. Mütebessimdi.

"O, en yakın yıldızın adı Alfa Centauri. Evet, doğru ışığı tam dört buçuk yılda bize ulaşıyor, Hulusi Bey!" dedikten sonra sağ elini yukarı kaldırdı Tekin. İşaret parmağıyla gökyüzündeki bir yeri işaret ediyordu. Herkes parmağıyla işaret ettiği yere baktı.

"Bakın, işte o, şuralarda bir noktadaki yıldız ve şu an gördüğümüz ışık, oradan çıkalı tam dört buçuk yıl oldu."

Gökyüzüne bakarak konuşmasını devam ettirdi.

"Şu an Dünyamızda etrafa ışık gönderiyor. Dünyamızdan çıkan ışıklar Alfa Centauri yıldızına ne zaman ulaşır?" diye sordu.

Hemen yanındaki Hakan; "Bu kadar kolay soru sormak sana yakışıyor mu dostum? Her ikisi de ışık olduğuna göre oradan çıkan ışık buraya dört buçuk yılda geliyorsa, Dünya'dan çıkan ışık da dört buçuk yıl sonra Alfa Centauri'ye varır zannedersem." diyerek her zamanki esprili hareketleri ve sözleriyle cevapladı.

Masadaki küçük gülüşmelerle birlikte, Tekin bakışlarını yavaşça Hakan'a çevirdi. O insanın içini ısıtan gülümsemesi ile Hakan'a baktı.

"Evet, doğru. Peki, biz şu an Alfa Centauri yıldızından dört buçuk yıl önce çıkan ışıkları görüyorsak, Alfa Centauri yıldızından bize, şimdi bakan bir gözlemci olsaydı ne görürdü?"

Hakan, "Dünya'dan dört buçuk yıl önce çıkan ışıkları görürdü herhalde. " diyerek cevapladı.

Ardından Tekin'in omzuna dokunarak, "Yapma dostum hâlâ basit soruyorsun. Ne olur, zorla biraz beni!" diyerek esprilerini devam ettirdi.

Hep birlikte gülüyorlardı.

Tekin gülmeye devam ederek, "Merak etme az sonra zorlarım seni." dedi.

"Evet doğru mantık. Doğa kanunları, fizik yasaları bunu gerektirir."

Bir anda konuşma sanki Hakan ile Tekin arasında geçen bir sohbete dönüşüvermişti. Diğerleri ilgiyle dinliyordu.

Tekin, Hakan'a bakarak konuşmasına devam etti.

"Şu an elimizde gelişmiş bir teknolojinin mükemmel bir teleskopu olsaydı. Bu teleskopun mercek sistemleri uzayın derinliklerini gösterecek kadar ileri bir teknolojide olsaydı. Ve biz o teleskopla Alfa Centauri yıldızına bakmış olsaydık oradaki ışık dört buçuk yılda bize geldiğine göre Alfa Centauri'nin şimdiki hâlini değil tam dört buçuk yıl önceki hâlini görecektik değil mi?" diye sordu.

Hakan öğretmeninden şaşırtmalı bir soru duymuş öğrenci edasıyla biraz duraksayarak, "Evet!" diyerek başını salladı. Herkes Tekin'in konuyu çok gizemli bir yere doğru götürdüğünü düşünerek dikkatlice dinliyordu.

"İyi düşün diyeceklerimi, ona göre cevap ver Hakan!" diyerek konuşmaya başladı.

"Görme olayının nasıl gerçekleştiğini az çok biliyorsun. Dışarıdaki bir cisimden ona çarpıp gelen ya da direk ondan gelen ışık dalgaları o cismin şeklini göz içine ve oradan beyne götürür. Bu sayede biz o cismi görürüz. Görme olayındaki en önemli unsurların başında o cisimden gelen ışık dalgaları vardır. Peki, şu an Alfa Centauri yıldızında birileri olsaydı, ellerinde de o bahsettiğimiz son teknoloji ürünü muhteşem teleskop olsaydı, oradan, birisi o teleskopla şu an dünyamıza baksaydı... Buradan çıkan ışıklar dört buçuk yıl sonra oraya ulaştığına göre o teleskopu şu an New York'un üzerine doğru tutmuş ve tam buraya, bu binaya bakıyor olsaydı, seni ve beni mi görürdü yoksa başka bir şey mi görürdü?"

Hakan biraz düşündükten sonra çekinerek cevap verdi.

"Görmek için cisme çarpan ışığın gözümüze gelmesi gerektiğine göre bize çarpıp giden ışık yani görüntümüz zannedersem Alfa Centauri'ye dört buçuk yıl sonra varacak. Bu durumda şu an oradan, bu binaya bakan birisi bizi göremez."

Tekin'in neşelendiği yüzünün mimiklerinden belliydi. Mütebessim bir şekilde konuşuyordu.

"Evet, devam et, bizi göremezse ışıklar oraya dört buçuk yıl sonra ulaşıyorsa ne görür?"

Hakan biraz duraksayarak cevap verdi.

"Zannedersem dört buçuk yıl önce burada o an kim varsa onu görür. Çünkü oradan şu an dünyaya bakan birisine dört buçuk yıl önce dünyadan çıkan ışıklar daha yeni ulaştı. New York'u ve bu mekânı dört buçuk yıl önceki hâliyle görecekti zannedersem."

Tekin bu garip soru cevap muhabbetiyle soru soruyormuş gibi yapıp verdiği şaşırtıcı bilimsel verilerle garip bir gizemi düşünmelerini sağlıyordu. Masadakiler durumun farkındaydı. Hakan düşünerek cevap veriyordu vermesine ama ortaya çıkan gerçeklik karşısında şaşkındı. Cevap veriyor, konuşuyordu ama ortaya çıkmaya başlayan şeyler hayret vericiydi.

Tekin neşeyle masaya yaklaştı.

"Evet, aynen öyle, Hakan'ın dediği gibi," dedi.

Tekrar Hakan'a döndü. "Peki, oradaki birisi senin Ayvalık'taki ablanın evine şu an baksaydı beş yaşındaki yeğenini görür müydü?"

Hakan biraz seslice mırıldandı.

"Evet, zorlamaya başladın Tekin Bey. Sana da bu yakışır." demesiyle yine diğerlerini güldürmüştü.

Hakan gülse de soruyu düşünüyordu. Görmek için karşıdaki cisme ışığın çarpıp gözümüze gelmesi gerekiyordu. Görme işlemi cisimden gelen ışık sayesinde oluyordu. Çekinerek de olsa cevap verdi.

"Alfa Centauri'deki o muhteşem teleskopla bakan bir göze buradan çıkan ışıklar dört buçuk yılda gidecek olduğuna göre zannedersem görürdü. Ama dört buçuk yıl önceki olayları ya da görüntüyü göreceğine için, benim yeğen şu an beş yaşında olduğuna göre sanırım beş ya da altı aylık hâliyle görürdü."

Hakan düşünerek biraz da aklını zorlayarak cevap veriyordu vermesine ama kendisi de ortaya çıkmaya başlayan şeyler karşısında hayrette kalıyordu.

Diğerlerinin durumu da ondan farksızdı. Bu uzay muhabbetinin inanılmaz bir noktaya gittiği belliydi.

Sohbeti anlatmak istediği gizeme doğru bilinçli şekilde sürükleyen Tekin gülümseyerek sormaya devam etti. Bu kez Hakan yerine Hulusi Bey'e yönelmişti.

"Belgesellere ilgim var demiştiniz. Dediğiniz gibi en yakın yıldızın ışığı bize dört buçuk yılda ulaşıyor. Peki, her yıldızın konumu farklı, bize olan uzaklıkları da farklı olduğuna göre uzayda ışığı bize daha uzun zamanda gelen yıldızlar yok mu?"

Hulusi Bey, "Elbette var." diye cevapladı.

Tekin çayından bir yudum aldı.

"Haklısınız. Tabii ki var. Hem de yüzlerce, binlerce, milyonlarca var. Şu gökyüzünde görmüş olduğumuz her bir yıldızın ışığı farklı zamanlarda yola çıkmış durumda. Hepsi yıllarla ifade edilen bir zaman diliminde bize ulaşıyor. Mesela Kuzey Kutup Yıldızı Polaris'ten gelen ışıklar aşağı yukarı dört yüz otuz iki yılda bize ulaşır. Mesela Boğa takımyıldızındaki en parlak yıldız olan Aldebaran'ın ışık dalgaları altmış beş yıl gibi bir süreden ulaşır. Ama dünyaya en yakın, en büyük galaksi olan Andromeda Galaksisinin ışık dalgaları iki milyon dokuz yüz bin yıl gibi bir zamanda ulaşır. Tabii ki bu durumda doğal olarak bizden çıkan ışıklarda her birine farklı zaman dilimlerinde ulaşıyor." dedi.

Herkes dikkatlice anlattıklarını dinlerken Tekin başını hafifçe yan tarafa doğru çevirdi. Gülerek Hakan'a baktı.

"Devam edelim Hakan. Şimdi iyi düşün bize doksan bir, doksan beş yıl arasında ışıkları gelen yıldızlardaki gözlemciler dünyamızda Avrupa'ya baksalar çok güçlü teleskoplarıyla ne göreceklerdi?" diyerek sordu.

Hakan biraz düşündü. Kısa bir süre kendince mırıldandı. Belli ki hesaplama yapıyordu.

"2009'da olduğumuza göre doksan bir, doksan beş yıl kadar önce 1918- 1914 yılları arasındaki ışıklar onlara ulaşmış olacaktı. Avrupa tam anlamıyla bir savaş deliliği içerisindeydi. Her biri Birinci Dünya Savaşını görecekti zannedersem." dedi.

Tekin, "Güzel! Çok doğru, iyi gidiyorsun!" diyerek gülümsedi ve devam etti.

"Peki, altmış dört, yetmiş yıl arasında ışığı bize gelen yıldızlardaki, birileri Dünya'ya, Avrupa kıtasına bakmış olsaydı ne görürdü?"

Hakan kısa süre düşündükten sonra yaptığı basit hesaplamayı bitirerek; "1939- 1945 yıllarına denk gelirdi. Zannedersem yine dünyayı büyük bir savaş rüzgârında görürlerdi. İkinci Dünya Savaşı yıllarıydı çünkü." dedi.

"Umarım oralarda uzaylılar yoktur. Varsa bile bakmasınlar. Bizi hep savaşıyor zannedecekler," deyince masadakiler epey güldü.

Gülüşmeler sona erince, Tekin; "İyi düşün öyle cevap ver. O yıldızdan bakan gözlemcinin gördüğü görüntü, bir fotoğraf mı yoksa başka bir şey mi olacaktı?" dedi.

Hakan bir süre düşündü. Konuşmaya başladığında cevap vermekten çok akıl yürütüyor, sesli düşünceler oluşturuyor gibiydi.

Büroda Tekin'le, Google Earth programından Ay'a ve Mars'a baktıkları anları düşündü. Tekin'in evinde teleskopla ayı izlediği anları düşündü. Neticede çok az da olsa aydan çıkan ışıklar da dünyaya geç geliyordu.

"Senin evde teleskopla Ay'a bakarken; Ay ışığı dünyaya bir dakika yirmi beş saniyede geliyor demiştin."

Bunu kendisi için teleskop satın aldığı dükkândaki satıcıya da sormuş, o da Tekin'i doğrulamıştı. Satıcı, "Ay'da birisi olursa, bir dakika yirmi beş saniye gecikmeli olarak her yaptığını bununla görebilirisiniz beyefendi." diyerek satmıştı zaten.

"Ayda hareket eden bir astronotu izlemek mümkün olsa onun bir dakika yirmi beş saniye önce yaptığı hareketleri izleyebiliriz demiştin. Teleskop, kesintisiz bir gözlem imkânı sunduğuna göre teleskopla anlık fotoğraf görüntüsü değil o anki yaşanılan anlar kesintisiz ama gecikmeli görülür. Çünkü cisimden çıkan ya da ona çarpan ışıklarda kesinti olmazsa görüntü devamlı olur. Görüntü zaten ışık dalgalarıyla yayılıyor."

Hakan kısa bir süre sustu. Düşünüyordu. Gözlerini kısmış, dudağını hafifçe ısırarak bir süre bekledi.

"Zannedersem fotoğraf olarak değil hareketli halde, gerçek olarak görecektir. Çünkü o gözlemci de Dünyamızdan o an çıkan ışınları teleskopu başında daha şimdi yakaladığı için gerçek olarak görecektir. O an yaşanılanları izleyecektir." deyince Tekin, "Bravo çok doğru." diyerek devam etti konuşmaya.

"O halde İkinci Dünya Savaşı'nı şimdi gören o gözlemciler yaşanılan gerçek olayları gördüyse oradaki gözlemci için İkinci Dünya Savaşı hâlâ o insanlarla yaşanıyor demektir. Oysa biz savaşı bitmiş o insanları ölmüş biliyorduk. Bize göre ölmüş insanlar. Ve biz yıl 2009'dayız ama o yıldızdaki gözlemciye göre Dünya'nın yaşadığı yıl 1939 ve savaş her yeri yıkmakta."

Masadakiler dona kaldı. Konuşmanın inanılmaz bir yere gittiği belliydi. Ama bu kadarını düşünmemişlerdi. En can alıcı noktaydı. Mantık doğruydu. Dünya zamanı ile uzak bir yıldızın zamanı farklı değerlerde buluşuyordu.

Hulusi Bey sağ eliyle çenesini tutmuş bir şekilde kısık bakışlarla bakıyordu.

Kısa süren sessizliğin ardından Tekin tekrar konuşmaya başladı.

Konuşurken sadece Hakan'a değil masadaki herkesin gözlerine temas ediyordu bakışları.

"Acaba, bizden bin üç yüz yetmiş sekiz, bin üç yüz doksan sekiz ışık yılı uzaklıkta olan yıldızlardan, Dünyamıza şimdi bakan gözlemciler olsaydı ve onlar da üstün teknoloji teleskoplarının hassas mercek sistemlerini, Mekke'ye çevirseydi, acaba kimi göreceklerdi?"

Derin bir sessizlik oldu. Erdal'ın cep telefonunu eline almasıyla diğerleri de aynı şeyi yaptı. Basit bir matematiksel hesaptı yaptıkları. 2009'da olduklarına göre 1378 yıl kadar öncesini hesaplıyorlardı. Telefonlarının ekranlarında gördükleri sonuç sessizce birbirlerine bakmalarına sebep olmuştu.

Tekin kendi sorduğu soruya yavaş ve kısık bir sesle cevap verdi.

"Hz. Muhammed Mustafa (s.a.v) Efendimizi..."

Masada herkes birbirine bakakaldı, sözün bittiği yerdi.

Tekin kendisinden gayet emin bir ifadeyle konuşmaya başladı.

"Hem de gerçek, birebir ve canlı olarak. Nasıl uzayda kırk ışık yılı uzaklığa ayna konulunca Apollo'nun Ay'a inişini buradan canlı izleyebilirsen, dediğim mesafedeki o yıldızdakiler de Hz. Muhammed Mustafa (s.a.v) Efendimizi aynı şekilde izler."

Söyledikleri karşısında arkadaşları hayretler içerisindeydi. Kimse ne diyeceğini ne düşüneceğini bilemiyor gibiydi. Tekin tekrar konuşmaya başlayana kadar derin bir sessizlik oldu.

"Zaman diye bir şey aslında yoktur. Herkes aynı anda yaşar. Geçmiş, gelecek diye bir şey yoktur. Sadece an vardır. Kuantum fiziği her şeyin bizlerin dahi titreşen bir enerji olduğumuzu şu an bulmuş durumda. Sen, ben, hepimiz aslında titreşen küçük enerji iplikçiklerinden oluşuyoruz. Anlatmak biraz zor ama o uzak yıldızlarda birileri yaşıyor olsa ve dünyamızı gözlemleyecek teknolojide olsalar her biri aslında dünyaya ait başka başka paralel evrenlere bakıyor olacaklar. Kuantum fiziğinin şu an fikirde bulduğu şey... Paralel evrenler... Evet, doğrudur ve vardır. Ama bir hata yapıyor Kuantum fiziğinin o ünlü profesörlerinin bazıları. Tek bir hata! Zamanı var sayıyorlar. Düşünüldüğü gibi bir zaman olayı yok. Onlar olasılıklı bir evren ihtimaliyle, paralel evrenler kuramını geliştiriyorlar. Böylelikle sizin başka bir paralel evrende başka bir iş yaptığınız, şu an yaptığınız mesleği değil de belediye başkanı olduğunuz, çiftçi olduğunuz yani başka hayat şartları yaşadığınız paralel evrenler olduğunu varsayıyorlar. Rakamlar ve uzayın durumu onlara paralel evrenler olduğu fikrini veriyor. Bu konuda artık herkes fikir birliğinde. Zaten olduğu da doğru ama paralel evrenlerin içinde nasıl bir yaşam olduğu noktasında rakamlar susunca onlar da fikirler geliştiriyor. Hata da tam o noktada oluyor. Onlar her bir paralel evrende sizin farklı farklı hayatlar sürdüğünüzü varsayıyor. Oysa gerçekte öyle değil. Evet, haklılar aynı yeryüzünde hem de yanı başımızda yüzlerce, binlerce paralel evren var. Ama onlarda sen başka başka hayatlar sürmüyorsun. Her insan belirli sayıda bir paralel evrende var. Geri kalan binlercesinde o insan yaşamıyor bile. Bir evrende şu an Hitler Fransa'ya saldırıyor. Bir evrende Washington Amerika'yı kurup bağımsızlık bildirgesi yayınlıyor. Bir başka evrende Cengiz Han, Çin'e saldırıyor. Bir başka evrende İsa'ya inananlar, *su testisi taşıyan* bir adamın peşinde fısıh yemeğinin yeneceği evi bulmaya çalışıyor. Bir başka evrende seçilmiş birisine özel bilgiler aktarılıyor. Bir başka evrende Hz. Muhammed Mustafa (s.a.v) Efendimiz, veda hutbesinde sahabelere sesleniyor." dedi.

Gecenin karanlığında gizemlerle dolu bir adamın dudaklarından dökülen sözler insanı sarhoş edecek kelimelerle sürüyordu.

"Bu yaratış tam anlamıyla akıllara sığmayacak bir muhteşemliktedir. Allah, gökyüzünde oturup yukardan bize bakan, hiçbir şeye karışmayan, sonra bizi ödüllendirecek ya da cezalandıracak olan değildir. Allah akılla düşünülemeyecek muhteşemliktedir. Ve bu bizlere kurduğu hayat oyunu basit değil aksine inanılmazdır. Hayat gariptir. Bu sistem, bu yaratış inanın var ya akıllara, havsalalara sığmıyor. Yanı başınızda başka bir boyutta Birinci Dünya Savaşı yaşanıyor. Diğer bir boyutta insanlar Ay'a ilk adım atılışını heyecanla televizyon başında izliyor. Bir başka boyutta bir ilahide on sekiz bin âlemin Mustafa'sı diye seslenilen peygamberimiz Hz. Muhammed Mustafa (s.a.v) hicret ediyor."

Sözler bitip Tekin sustuğunda masadaki herkes şaşkın ve hayret dolu bakışlarla birbirlerine bakıyordu.

Hulusi Bey başını yukarı kaldırmış, gökyüzüne bakıyor, dudaklarını ısırıyordu. İçinde kabaran duygulara gem vurmak istercesine gökyüzündeki tek bir yıldıza odaklanmış gözlerini kenetlemişçesine hareketsiz duruyordu. Hiç kimse konuşamıyordu. Klasik müziğin ritmi saatler gece yarısına doğru sarkınca artmıştı. Ama bu duydukları şeylerden sonra ne müziğin hareketli ritmini ne de masalardan yükselen şen kahkahaları duymuyorlardı. Uzun süren bir sessizlik oldu. Sadece, bir tek Hakan'ın sesi duyuldu. O da sadece "Bu nasıl bir şey ya!" diyebilmişti.

Çok uzun süren sessizliği yine Tekin bozunca herkes pür dikkat dinlemeye başladı.

"Niye Hz. Muhammed Mustafa (s.a.v) Efendimize, salavat getirmemiz ısrarla din âlimleri, evliyalar tarafından isteniyor. Hatta o hoşgörünün zirvesindeki iki cihan serveri Hz. Muhammed (s.a.v) Efendimiz, 'Yanında benim adım anılıp da bana salavat getirmeyenin burnu yerde sürtülsün.' demiştir.

Neden hoşgörünün en zirve ismi Hz. Muhammed Mustafa (s.a.v) Efendimiz böyle ağır bir ifadede bulunmuştur? İyi düşünün. Burada aslında yine ümmetine sevgisi vardır. Açıklayamadığı, açıkladığı zaman anlaşılamayacak bir şeyden dolayı rahmet peygamberi salavat getirilmesi konusunda bu kadar sert ve kati sözler söylemiştir.

Peygamberler yaşadıkları dönemin inananlarının anlayış kapasitesine göre konuşmuşlardır. Yaşadıkları toplumların bilgi kapasitesine göre konuşmuşlardır. Anlayamayacakları çoğu şeylerin üzerini, anlama kabiliyeti olanların anlaması için uygun şekilde örterek anlatmışlardır topluluklara."

Tekin susunca masada herkes donup kalmıştı adeta. Hulusi Bey artık heyecanını bastıramıyordu. İçindeki duygular anaforuna kapılmıştı. *Bu apaçık Ledün deryasından,* diyordu içinden.

Evet! Sır ve gizeminin yıllardır merak edilen ilmi, Ledün...

Yüzyıllar öncesinden ne diyordu Ebu Hüreyre (r.a) Ledün ilmi için; "Ben Resulullah'tan (s.a.v) iki çeşit ilim aldım. Bunlardan biri size anlattığım ilimlerdir. İkincisi ise size söylersem boğazımı keserler, sır ilmidir. Herkes bunu anlayamadığı gibi Allah da onu herkese vermez." diyerek anlatmıştı bu insan aklının son idrak hududunda olan ilmi ilahiyesinin sır perdesi ilmini.

Ledün ilminin hocası Hızır aleyhisselam söylemişti bu ilmin sırlarından birazını Hz. Musa'ya. Musa peygamber bile buna tahammül edememişti. Hulusi Bey bu anlatılanlarda, Ledün kokusu sezinlediği için heyecanlanmıştı. Heyecanını bastıramayarak da konuşmaya başladı.

"Bu sözler karşısında heyecanlanmamak mümkün değil. Bu astronomi bilgisiyle örtülmüş bir Ledün bilgisi gibi. Ben burada yıllar öncesinde aldığım Ledün ilminin kokusunu alıyorum. Hadisi Kutside anlatılan bir Dehr olayı vardır. Dehr kelimesi, bizdeki an itibariyle dediğimizdeki an kelimesinin karşılığıdır.

Bize göre, Dünya'nın kendi çevresindeki bir dönüşü bir günü, üç yüz altmış beş dönüşü bir seneyi, üç yüz altmış beş çarpı yüz dönüşü de yüzyılı yani asrı oluşturur. Bunlar insanın hükümlerine göre kabullenilmiş, göreceli, izafi zaman olgusudur. Ezel, Ebed tümüyle Allah katında tek bir andır. Normal günlük zaman birimiyle şartlanmış ve kayıtlanmış beyinlerin bu zaman birimini anlaması elbette ki imkânsızdır.

İşte bu gerçek dolayısıyladır ki, Kur'an-ı Kerim'de ileriye dönük olarak gerçekleşeceği bildirilen pek çok olay, olmuş bitmiş şeyler olarak geçmiş zaman ifadesiyle anlatılmıştır. Ama buna çoğu dikkat etmez.

Zira Ezel ve Ebed esasen tek bir varlık olması itibariyle, ilâhî bakış boyutunda ya da eski ifade tarzı ile ilmi ilahide, tek bir bakıştır.

Gerçekliği itibarıyla, kâinat tek bir zaman boyutundan ibarettir. Algılayabilene...

Bir hadisi şerifte Resulullah (s.a.v) Efendimiz şöyle buyurmuştur.

"Allah var idi. Ve onunla beraber hiçbir şey yok idi..."

Bu açıklaması Hz. Ali'ye ulaştığı zaman, o da bu ifadeye şu şekilde bir açıklık getirmiştir;

"An hâlâ o andır..."

Yani, içinde bulunduğumuz *an*, o anlatılan *andır*.

Evet, *an...* Rasulullah (s.a.v) Efendimizin bahsetmiş olduğu o *andır.* Yani, *tüm varlık o tek an içinde yerleşiktir. Allah indînde, an tek bir andır.* O anın adı, Dehr'dir. Her şey, bu boyut itibarıyla olup bitmiştir."

Hulusi Bey tüm bunları gökyüzüne bir yıldıza dalgın bakarak söylemişti. Zaten bu tarz dini konular hakkında konuşurken genelde gözleri uzaklara dalıp sanki başkasından o an dinliyormuş ve naklediyormuş gibi konuşuyordu.

Bakışlarını hafifçe gökyüzünden Tekin'e doğru çevirdi.

"Üstadım sözleriniz buram buram Ledün ilmi kokuyor. Bahtiyar olunuz beni mest ettiniz. Yıllar öncesinde hocamın karşısında hissettiğim o sevinci, o heyecanı tattım tekrar. Allah ilminizi arttırsın." dedi.

Tekin "Estağfurullah, teveccühünüz," diyerek karşılık verdi.

Hakan, eliyle garsona işaret etti. "Beyler, aklım, fikrim dumura uğradı. Şoklanmış vaziyetteyim. Birer dondurma yiyerek kendimize gelelim, derim ne dersiniz?"

Masadakilerin sözlerden sonra pek konuşacak hâli yoktu. Tekin'in anlattıklarını düşünüyorlardı. Hz. Muhammed Mustafa (s.a.v) Efendimiz şu an aynı dünyada başka bir boyutta yaşıyordu bu durumda. Onun için mi ısrarla salavat okunması neredeyse emir derecesinde isteniyordu? Akıllar durmuştu.

Hakan masaya gelen garsona herkesin zevkini bildiği için bir tane kakaolu, dört tane sade, iki tane çilekli dondurma siparişi verirken masa üzerinde duran Tekin'in telefonunun melodisi duyuldu.

Telefonun ekranına baktı. Hakan da ekrandaki yazıyı görmüştü.

Pearl 27 arıyor...

Tekin; "Buna cevap vermek zorundayım beyler müsaadenizle!" diyerek telefonunu alıp masadan ayrıldı. Belli ki önemliydi.

Tekin masaya geri geldiğinde garson da sipariş ettikleri dondurmaları servis ediyordu. Garsonun masadan ayrılmasıyla birlikte soğuk dondurmalardan birkaç kaşık almışlardı ki Hulusi Bey'in sesi duyuldu.

"Tekin Bey, kusura bakmayın sormak belki yanlış ama bir rüyanızdan bahsettiniz. O rüya yüzünden dediniz. Anlattıklarınız çok mühim şeyler olunca bahsettiğiniz rüya da merakımı celbetti. Nasıl bir rüyadan bahsediyorsunuz? Niyaz-i Mısri hazretleri ile mi ilgili?"

Hulusi Bey sormuştu sormasına ama epey mahcup haldeydi. Sorup sormamak arasında tereddütte kalmıştı. Adeta kendi içinde savaşmıştı. Bunun içinde zorlanarak konuşmuştu. Neticede rüyalar kişilere özel şeylerdi. Hem daha yeni tanışmışlardı ama mutlaka öğrenmeliydi. Mecburdu.

Tekin "Rica ederim lütfen rahat olun. Zaten ben kendim bahsettim rüyamdan." diyerek konuşmaya devam etti.

"Aslında bu rüya yıllar içerisinde kendisini tekrar etmeseydi öyle çok fazla önem vermezdim. Tamam, sonuçta garip ve güzel bir rüya ama hangimiz çok güzel, inanılmaz derecede hoş bir rüya görüp sonra unutmadık ki...

Ben de belki o rüyayı zaman içerisinde unutacaktım. Hoş, zaten unutmuştum da. Ama aynı rüyayı değişik aralıklarla tekrar tekrar görünce mecburen artık o rüyanın bir mesaj taşıdığını düşünüyorsunuz. Ben kendime rüyanın ne anlatmaya çalıştığını çok sordum. Rüyadaki o insanın kim olduğunu da çok araştırdım. Mecburen rüya aynı şekilde tekrar edince artık rüya âlemini de araştırmaya başladım.

Bu rüyayı ilk kez lise yıllarındayken gördüm. Sonra aynı rüya aralıklarla tekrar etmeye başladı. Öyle sık sık değil ama altı ay, sekiz ay gibi aralıklarla... Fakat hiç değişmeden aynı rüya...

Bir yer... Nasıl bir yer diye sorsanız anlatamam. Sisler arasında bir insan. Daha doğrusu bir insan silueti... Çok uzaktayım gibi hissediyorum ama sanki tutacakmış gibi de yakın görüyorum onu. Beyaz saçlı, geniş alınlı, nurani, şeffaf denecek kadar temiz bir adam. Gözlerinde uhrevi bir tatlılık, yüzünde ruhani gülen bir nur, gözlerine baktığımda emniyet ve ferahlık veren bir parlaklık... Duruşunda müthiş bir heybet var. Sesi, çok hoş, kulağı mest eden bir tonda... Bana sesleniyor.

"Bana gel. Kendini bul. Emanetlerini al. Sonra dön ve yapman gerekeni yap."

Bu cümleden sonra aniden uyanıyorum. Ondan sonra uyu, uyuyabilirsen. Sabaha kadar rüya ne demek istiyor diye düşünüp duruyorum. Rüya âlemindeki araştırmalarımı yoğunlaştırıyorum. Sonra aradan zaman geçiyor hayatın koşuşturmasında unutuyorum ama sonra yine aynı rüyayı görüp yine aynı şeyleri yaşıyorum."

Hulusi Bey düşünceli bir şekilde elindeki kaşıkla kâsenin içindeki dondurmayı eviriyor çeviriyordu. Dalmıştı. Tekin zevkle dondurmasını yerken Hakan omzuna dokundu.

"Ya ne biçim ortağız biz. Onca şeyi anlattın böyle ikide bir kendini tekrar eden bir rüya gördüğünü burada öğrendim." diyerek yine esprili tarzda konuştu.

Hulusi Bey, gülümseyerek Tekin'e baktı.

"Adamın gölgesi var mıydı?" diye sordu.

Tekin beklemediği bu soru karşısında ne diyeceğini bilemedi. Dondurma yemekle meşgulken bu hiç beklenmedik soru şaşırtmıştı. Rüyasının detaylarını hatırlamaya çalışıyor gibiydi. Kısa bir süre daha sessizce Hulusi Bey'e bakarak düşündü.

"Hiç dikkat etmedim Hulusi Bey. Daha doğrusu gölgesi var mıydı, yok muydu bilmiyorum. Gördüm mü, görmedim mi bilemiyorum." diye cevap verdi.

Hulusi Bey'in bunu sorması şaşırtmıştı. Böyle bir soruyu sormak ancak Hakan'ın aklına gelirdi. Muziplik yapmak için sorardı. Ona vereceği cevap da belliydi zaten, "*Sulandırma sen de artık.*" derdi. Ama bu garip soru Hulusi Bey'den gelmişti.

Hulusi Bey o naif sesiyle, "Peki herhangi bir şekilde rüyanızda, o bulunduğunuz ortamda bir koku var mıydı? Ya da nasıl desem hani adamın üzerinde bir koku? Etrafta doğa kokusu, çimen kokusu, mis gibi bir esans, gül gibi bir koku duydunuz mu?" diye sordu.

Tekin durdu. Düşünmek zorunda hissetti rüyasını. Hulusi Bey gibi birisi bunları boşuna sormazdı. Bir sebebi olmalıydı. Masadakiler de bu ilginç sorular karşısında şaşırmışlardı.

Tekin epey düşünceli bir şekilde duraksayarak cevap verdi.

"Gölge olup olmadığını hatırlamıyorum. Ama koku yoktu. Çünkü herhangi bir koku olsaydı mutlaka hatırlardım. Dikkatimi çekerdi. Sonuçta bir kez görmedim. Defalarca gördüğüm bir rüya. Kesinlikle koku yoktu ama gölgeyi bilemiyorum."

Tekin merakla Hulusi Bey'in bir şeyler demesini bekliyordu. Diğerleri de sabırsızlanıyordu. Mutlaka bir şey diyecek olmalıydı ki bu garip soruları sorsun.

Hulusi Bey'in o hoş, naif sesi duyulunca pür dikkat kesildiler.

"Aynı rüyayı bunca zaman tekrar tekrar gördüğünüze göre zannedersem yine yakın zamanda görürsünüz. Bu kez dikkatli bakın, çok dikkat edin. Ama gölgesini göremeyeceksiniz. Çünkü rüyalarda asla gölge yoktur." dedi gülümseyerek.

Tekin şaşırmıştı. Gayri ihtiyari bir şekilde şaşkınlıkla; "Neden?" diye sordu.

Hulusi Bey bakışlarını hemen önündeki dondurma üzerine çevirmişti. Dalgın bir şekilde elindeki kaşıkla küçülen dondurma parçasını kâse içerisinde gezdiriyordu.

"Beyler size bir sır vereceğim iyi dinleyin. Dostum demişti ki, rüyada gölge, koku ve küfretmek yoktur. Onun haricinde rüyada her şey vardır.

O yüzden sordum gölgesi var mıydı, ortamda koku var mıydı?" dedi ve sustu.

Hakan fazla dayanamadı, "Abi niye rüyada gölge yok, koku yok, küfretmek yok." diye sordu merakla.

Hulusi Bey derin bir iç çekti.

"Ah Hakan bilmiyorum! Söylemediler. Sadece bunu öğrendikten sonra kendim de dikkat ettim, etrafımdakilere de sordum. Dostum haklıydı. Rüyada gölge gören yok, koku duyan yok, küfür işiten yok..."

Hakan oldukça meraklanmıştı. Sonuçta bilginin kaynağı belliydi. Onun için mutlaka daha başka sırlı bir bilgi vardır düşüncesiyle tekrar sordu.

"Abi sebebini dostunuza sormadınız mı? Neden böyle diye?"

Hulusi Bey gülümsedi ama bu gülümseme biraz farklıydı. Biraz burukluk kırıntıları olan hüzünlü bir gülümseyişle konuştu.

"Zaten hocamdan aldığım eğitimden beri bilirim. Hocam, sebebini sorma derdi bazı sırlardan sonra. Anlardım ki bu bilgi Ledün deryasından bir inciydi. Ben de sormazdım. Ledün ilmi öyle bir ilim ki sebebini öğrendiğin bir şeye itiraza kalkmak bile adamı küfre götürür. Onun için sebep sorulmaz. Anlamazsan bile eyvallah der kabul edersin. Hatırlar mısınız Kur'an-ı Kerim'de ki Hızır aleyhisselam, Musa aleyhisselam kıssasını..."

Hulusi Bey'in sözleri Tekin'in aklında şimşekler çaktıtmıştı. Hemen masa üzerinde duran telefonu aldı. Telefonuna, ekran kalemiyle bir şeyler yazıyordu. Yüzünde sevinç ifadesi vardı.

İstediği cevabı alamamanın sıkıntısıyla kafası karışan Hakan merakla Tekin'e bakıyordu. Fazla dayanamadı.

"Kömür ararken altın bulmuş madenci gibi bir ifade var yüzünde. Hayırdır ne buldun, yazdın hemen notlarına," diye Tekin'e laf attı.

Zira yakın dostu Tekin'i artık tanıyordu. Hep böyle yapardı. Bir yerde oturup konuşurlarken ya da bir filmi izlerken aklına bir şey gelirse ya da ufacık bir bilgi yakalarsa onu hemen not alırdı. Tabii bu notlar daha sonra muazzam şeyler olarak Hakan'ın karşısına çıkıyordu. Çünkü Tekin o not aldığı konular hakkında inanılmaz işlere girişiyordu.

Yazdığı notu kaydettikten sonra telefonu masaya bırakırken, "Evet, hem de nasıl bir altın madeni buldum bilemezsin." dedi Hakan'a.

Ardından mütebessim bir halde konuştu. "Allah razı olsun Hulusi Bey müthiş bir sır verdiniz."

Hulusi Bey gülümsedi.

"Benden bilmeyiniz. Dostum söylemişti. Ben sadece aktardım."

Konuşulanları diğerleri merak ve sabırla dinliyordu. Hakan düşünceli bir şekilde karşıdaki ışıltılı Manhattan kulelerine bakarken aniden döndü.

Tekin'e bakarak, "Sende mutlaka bir şey vardı. Ama bir noktası eksikti. Ya da aradaki bağı kuramıyordun. Hulusi Bey'in rüyalar hakkında söylediği sırlar o noktayı doldurdu. Seni tanıyorum. Hadi lütfen neyi tamamladın? Anlat!" dedi.

"Yok, öyle bir şeyi tamamlayıp, icat etmek falan yok. Dediğim gibi, rüyalar âlemini araştırıyorum. Hulusi Bey'in söyledikleri, rüyalar âleminin aslında ne olduğunu tam manasıyla gösteriyor. O bakımdan çok mühim." dedi Tekin, dostuna bakarak.

Tam Hakan bir şey diyecekken Hulusi Bey'in sesi duyuldu.

"Tekin Bey, rica etsem rüyalar âlemi hakkında bildiklerinizi anlatsanız. Dostumun söylediği sır tam olarak neye işaret ediyor araştırmalarınızda? Anlatırsanız belki başka bilgilerle de faydalı olabilirim."

Bu sözleri Hulusi Bey'den duyunca Tekin, "Çok memnun olurum." diyerek konuşmasını sürdürdü.

"Bu konuda ciddi araştırmalar yapan üniversitelerle, profesörlerle görüştüm. Yıllardır rüyalar âlemi hakkında araştırmalar yapıyorum. Laboratuvarlara araştırmalar için bağışlar yaptım ve sonuçlarından faydalandım. Bu konuda en gelişmiş laboratuvarlar Rusya ve İsrail'de. Onlarla görüşmeye gittim. Bağış yaptığım için birkaç hafta o laboratuvarlarda kalabildim. Deneylerine, gözlemlerine katıldım. Anlatmaya nereden başlayayım, nasıl anlatayım bilemiyorum."

Yan taraftaki su havuzunun ışıkları değişmiş ve fıskiyelerden dökülen su artmıştı. Kısa süre yanı başındaki havuza baktı Tekin. Suyun sesini dinliyor gibiydi. Her zaman böyle olurdu. Suyun sesi onun düşünmesini engellerdi. Dinlendirirdi. Havuza dalan bakışlarından aniden sıyrılmak gerektiğini hissetti.

Masadakilere dönerek, "Her gece ten tuzağından ruhları kurtarmakta, tahtaları sökmektesin. Ruhlar her gece bu kafesten kurtulurlar, ne kimsenin hâkimi, ne de mahkûmu olmayarak feragate ulaşırlar diyor Mevlana Celaleddin Rumi, uyku ve rüyalar âlemi hakkında..." diyerek konuşmaya devam etti.

"Rüya gördüm dediğinizde aslında bir âleme dalıyorsunuz. Aslında rüya görmedim dediğiniz zaman bile rüya görüyorsunuz. Sadece sabah uyandığınızda çoğunu hatırlayamıyorsunuz. Dünyadaki herkes ama herkes tek bir kişi eksik olmamak üzere yaşayan herkes gece yattığında mutlaka rüya görür. Her gece görür, görmemek imkânsızdır." dedi.

Bu sözler Hulusi Bey'in aklında o güzel anılarını canlandırdı tekrar. Soğuk Ankara'da sıcak cami içerisinde dostunun verdiği vaazı hatırladı yüzünde hoş mütebessim bir ifadeyle.

'Bu göz, et parçası, oğlum et parçası! Uykuda bir işe yaramaz bu göz. Uykudayken göz de uykudadır. O halde bu gözle görmüş olaydın uykuda, rüyada gördüklerini hatırlamazdın. Rüyada gördüklerin nedir? Neyle görüyorsun? Et parçası gözünde uykuda! Başka şeyle görüyorsun. *"Ben kulumla görürüm!" diyor. "Kulumla işitirim!"*

Rüyada sana *"Ahmet gel bu tarafa,"* diyorlar ama bu bildiğin kulağın farkında bile değil. Saatin sesi, telefon sesi, kapının zil sesi çalınır uyanırsın. Ama rüyadaki Ahmet'i incitirsin.

Duyan başkası, o halde başka duyan kulağın var, başka gözün var, onlarla rüyadakiler duyulur. Bunları iyi düşün!

Bizim laflarımız başka mıntıkaların lakırdılarıdır...'

Ali'nin sesi Hulusi Bey'i daldığı hatıralardan çıkarınca dikkatle konuşulanları dinlemeye başladı.

Ali biraz nazik bir şekilde itiraz etti. Çünkü Tekin'e itiraz etmek pek akıl karı bir iş değildi. Neticede bir şey anlatıyorsa kesin bilgi, belge ve kanıtlanmışlığa dayanıyordu anlattıkları. Bunu birkaç kez tecrübe etmişlerdi zaten.

"Dostum ben pek rüya görmem. Öyle yılda bir, iki defa ancak görürüm. Ben dünyadaki istisnalardan birisiyim galiba." dedi.

Tekin bu söz karşısında gülerek Ali'ye baktı.

"Soğan, sarımsak ve balık yeme o zaman. Her gece gezdiğin rüyalar âleminin hepsini sabah detaylıca hatırlarsın." dedi.

Ali şaşkın bir halde, "Cidden mi?" diye sordu.

"Dene ve gör. Ama balık yemeyi kestim, soğan ve sarımsak yemeyi bıraktım, hemen yarın rüyalar âleminde her gece yaptıklarımı, gördüklerimi ve yaşadıklarımın hepsini uyanınca hatırlamaya başlayacağım zannetme. Önceden, bu yaşına kadar yediğin için daha öncekilerden kalan etken maddelerin vücudundan, beyninden atılması, etkilerinin geçmesi gerekir. Bu da zamanla olur." diyerek cevapladı.

Masanın diğer tarafından Barış sordu. "Soğan, sarımsak ve balık dedin, açıklar mısın, neden engel oluyorlar rüyaların hatırlanmasına?"

Tekin, "O detaylı ve uzun bir konu. Anlatırsam burada sabahı ederiz. Ama kısaca soğan, sarımsak ve balıktaki bazı şeyler epifiz bezinin çalışmasına etki ediyor diyeyim. Tabii ki bunlara bir de florür denen maddeyi katmak gerekir. Bunlar, üçüncü göz dediğimiz, alnımız hizasındaki beyin bölgesini, oradaki çam kozalağı görünümündeki kozalaksı yapıyı köreltiyor. O yüzden rüyalar âlemindeki gezintilerinizi, yaşadıklarınızı hatırlayamıyorsunuz." dedikten sonra "Barış istersen başka bir zaman neden bunları yememek gerektiğine dair uzun uzun konuşuruz." diye ekledi.

Masadakiler bu duydukları karşısında epey şaşırmışlardı. Neticede sarımsak belki çok tercih etmeseler de soğan yedikleri bir şeydi. Hem florürün üçüncü göz denilen yapıyı körelttiğini söylemişti. Bu diş macunlarında bile vardı.

Ali bir anda heyecanlı bir şekilde sordu.

"Peygamberimiz soğan ve sarımsak yemezdi. Zannedersem soğan ve sarımsak yiyince mescide gelinmemesini istiyordu. Acaba bu yüzden mi?"

Tekin pek cevap vermek istemiyor gibiydi. "Ali o konu cidden çok uzun ama dediklerinde var tabii. Birçok şeyi umuma açıklamamışlardır."

Hulusi Bey artık içindeki heyecanı bastırmak bile istemiyordu. Bu sözler yıllar önce hocasından aldığı ledün ilminin kırıntılarıydı. Hem dostu da bu konudan bahsetmişti. Dostunun camideki yankılanan o celalli sesini kulaklarında işitti bir anda.

"Resulü Ekrem Efendimiz, av eti, kanatlı, geyik, ceylan, yaban keçisi, her türlü denizden sayd edilen balık yemezlerdi. Yemedi değil aziz cemaat yemezlerdi. Sebebini soranlara cevap vermediler. Israr edenlere de cevap vermediler. Sükût ettiler. Ondan sonra da soramadılar zaten.

Her türlü avcılık, balıkçılık, etleri yensin yenilmesin bunları sevmezdi.

Yemezdi, istemezdi, sevmezdi. Ama yasak etmediler. Günah veya helal olduğu hakkında bir söz söylememiştir. Sebep sorarsanız bu üç kelimede gizlidir.

Yemezdi, istemezdi, sevmezdi.

Beyazidi Bestami, Ahmedi Yesevi, Hacı Bektaşi Veli, Hacı Şabani Veli her türlü sayd ve avcılık istemezlerdi. Balık da yemezlerdi."

Hulusi Bey buruk bir gülümsemeyle dostunun camideki vaazını hatırlıyordu. Uzun vaazın sonlarına doğru dostunun, cemaatten bazılarının yüzüne bakarak söylediği celalli sözlerini hatırladı.

"Balık niçin yemezdi. Düşünceniz buna saplı. Evet, yemezdi. Öğrenip de ne yapacaksın. Öğrendiklerini ne yaptın yahut yaptıklarımı öğrendin mi? Sen biliyor musun, diye soracaksın amma çekiniyor soramıyorsun. Merak etme söyleyeyim aslanım. Biliyorum. Bilmesem konuşmam. Söylersem o zaman balık resmine bile bakamazsın...

Hac ve umrede ihramda iken av ve sayd yasaktır.

Sebep... Niçin? İyi düşün!"

Tekin'in sesiyle daldığı hatıralardan sıyrıldı. Dikkatle Tekin'i dinlemeye devam etti.

"Başınızı yastığa koyduğunuz an, artık burada değilsiniz, çizgiyi aşıp yaşamla ölüm arası bir yerdesiniz artık. Araf değil sakın sözlerimi yanlış anlamayın. Bambaşka bir âlemdesiniz... Hiç tanımadığın bir âlem. Ve bir sürü insan var orada. Hem de her gece, her uyuduğunda. Şaşırır kalırsın o âlemin şartları karşısında. Birçok şeyi anında yaşarsın. Bazen üzülür, bazen sevinir, koşturur, bazen de coşarsınız. Uçabilirsiniz kanatsız. Yüzebilirsiniz hem de denizin en dibinde. Tarifi imkânsız duygular mekânıdır rüyalar âlemi.

Beyler geceyi düşünün, uyuyunca gördüğünüz rüyalarınızı düşünün. Neden rüyalarda herkesi görebildiğinizi hiç düşündünüz mü?

Yıllar önce ölmüş yakınlarınızla rüyanızda buluşup konuşursunuz. Gerçek hayatta asla gidip konuşamayacağınız insanlarla çok samimice sohbetler edersiniz. Hatta gezer dolaşırsınız. Merkel ile sohbet ederken Obama ile çay içersiniz rüyanızda. Fatih Sultan Mehmet'le de karşılaşabilirsiniz rüyanızda, Kanuni Sultan Süleyman'la da, Cengiz Han'la da...

Hiç gitmediğiniz ülkelere gider, oralarda seyahatler edersiniz.

Rüyada en imkânsız şeyler bile vardır. Havada uçarsın, suyun üzerinde yürürsün...

Hiç kimse dikkat etmez rüya âleminin derinliklerine. Sadece ne gördüğüne bakar. Denize, yemyeşil ormana, uçsuz bucaksız ovalara bakar. Ya da gördüğü kâbusta sadece kurtlara, canavarlara, etrafın karanlığına aldanır.

Rüyada ölmüş dedenizi de görürsünüz, tüm vefat etmiş yakınlarınızı da görürsünüz, en sevdiğiniz sanatçıyı da görürsünüz, başbakanı da görürsünüz, evliyayı da görürsünüz...

Ve nasibinizde varsa Hz.Muhammed Mustafa (s.a.v) Efendimizi bile görürsünüz.

Beyler, gecenin belli bir anında, kuantum profesörlerinin tabiriyle tüm paralel evrenler, bizim tabirimizle yaşanılan tüm âlemler iç içe geçer. Tek bir evrende bütünleşir. Tek bir an yaşanır. İlk insandan son insana kadar herkes gerçek ama farklı bir âlemde farklı bir boyuttaki dünyada buluşur. İşte o anda sen, ben, Âdem (a.s), İbrahim (a.s), Hitler, George Washington, Malcolm X, aklınıza gelebilecek tüm insanlar, İsa (a.s) ve hatta Hz. Muhammed Mustafa (s.a.v) Efendimiz aynı anda aynı dünyada buluşur. Zaten aslında zaman diye bir şey olmadığını anlarsanız tüm insanlığın aynı dünyada farklı boyutlarda yan yana yaşadığını anlarsınız. Bizden oldukça uzak bir gezegenden bize bakan bir gözlemciye göre Hz. Muhammed Mustafa (s.a.v) Efendimiz bu dünyada şu an yaşıyor ve o gözlemci bunu elinde müthiş bir teleskop olsa onunla izleyebilir. Gerçek de bu zaten.

Kuantum fiziğine göre her şey enerjiden oluşuyor. Her birimiz titreşen küçük enerji iplikçiklerinden oluşuyoruz. Çok yüksek teknolojili bir elektron mikroskobuyla Dünyamıza, çevremize baktığımız zaman bu gerçek ortaya çıkıyor.

Gece olduğunda her şey kararınca yani ışığın etkisi ortadan kalkınca, gecenin en karanlık anında boyutlar ortadan kalkıyor o an. İşte o ana rüya denir. Bu saniyelerle ifade edilebilecek bir an. Araştırmalarımız bunun yaklaşık olarak yirmi yedi saniye kadar olduğunu gösteriyor. Tabii bu bizim anladığımız zaman anlamında. Yoksa yirmi yedi saniyelik rüyada insanlar neler yapıyor neler, belki yaşanılanları saatlere, günlere sığdırmak imkânsız oluyor.

Herkes aklının, gönlünün, kalbinin kalitesine göre rüya dünyasında kişilerle karşılaşır. Ve uyuyan her insan o an rüya görür. Kesintisiz her uykuda rüya görülür. Ben görmüyorum diyen gerçekte sabah kalktığında o anı hatırlamıyordur. Görür ama hatırlayamaz. Bunun sebebi yediğimiz bazı besinlerden dolayıdır. Ama daha sonra başka bir zamanda gündüz vakti bir olay yaşadığında, *sanki ben bunu daha önce yaşamıştım,* der. Ya da bir yere ilk kez gittiği halde *sanki burayı daha önceden görmüş gibiyim, buraya gelmiş gibiyim,* der. Bunların sebebi hatırlayamadığı rüyalarında yaşadıklarıdır.

Beyler araştırın çoğu insan uykusunda ölür. Araştırın istatistikleri, gerçeği görün. Bazı insanlar rüya evreninde olanların farkında. Astral seyahate çıkanların sayısı az değil. Astral seyahatle gününün yarısından fazlasını orada geçirenler, orada krallık kuranlar var."

Tekin dondurmasından bir kaşık alarak ağzına attı. Karşıdaki gökdelenlere, gecenin karanlığında parlayan ışıklara baktı. Herkes dondurma kaşıkları ellerinde öylece kalmıştı.

Hulusi Bey için durum daha farklıydı. Bu gece onun için inanılmazdı. Hocasından, dostundan duyduğu sözler şekil değiştirmiş bir halde ayrıntılı, teferruatlı olarak yeniden başka bir ağızdan karşısındaydı. Tekin anlattıkça öğrendiği bilgiler hatıralarında canlanıyordu. Böyle olunca da kalbi bir başka atmaya başlamıştı. Heyecanlıydı. Tekin'in son konuşmaları adeta ruhunu dizginlenemeyen duyguların girdabına bırakmıştı.

Kısa süren sessizlikle birlikte herkes Tekin'in konuşmaya başlayıp yeni şeyler söylemesini beklerken Hulusi Bey'in sesi duyuldu.

"Dostum demişti ki uykuda, ilim, akıl, şuur, evlat, mal her şey gider. Bahr-ı umman-ı ahadiyete atılır.

Hiç kimsenin malı, ilmi, aklı diğerine karışmaz...

Birinin ilmi, diğerinin cehliyle, diğerinin cehli ötekinin ilmi ile karışmaz...

İyi düşün her uykuya daldığın zaman, vakit vakit bunlar alınıyor...

Bir günde bu alış veriş, verişsiz kalacak ki ona ecel deniliyor...

Dikkat et...

Hepsi yüzüstü kalır...

Allah yüz açıklığı versin." diyerek konuşmasına devam etti.

"Çoğu insan uykusunda ölür. Araştırın istatistikleri, gerçeği görün dediniz. Ben bunu yıllar önce hocamın bazı sözlerini duyunca araştırmıştım. Kabristanlığı gösterip; 'Bu susmuşların yarısından fazlası gece uykudayken susmuştur.' demişti. Mezarlıklara susmuşlar köyü derdi hocam. Çok şaşırmıştım. O yüzden araştırdım. Uykuda ölüm dediğiniz gibi inanılmayacak derecede fazla."

Masadakiler, Tekin'in anlattıklarına Hulusi Bey'in söyledikleri de eklenince rüyalar âleminin sırlarını merak ve hayretle dinliyorlardı. Tekin bir süre saygıyla bekledi. Belki Hulusi Bey bir şeyler daha anlatır diye. Ama Hulusi Bey mütebessim bir şekilde Tekin'e anlatması için bakınca kaldığı yerden anlatmaya devam etti.

"Sigmund Freud rüyaları, bilinçaltına giden kral yolu olarak tanımlar. Rüya görmek hayattaki en gizemli tecrübelerden biridir.

Roma Dönemi'nde bazı rüyalar Roma Senatosu tarafından analiz edilmiş ve yorumlanmıştır. Rüyaların tanrılardan gelen mesajlar olduğuna inanılmıştır. Rüya yorumcuları askeri liderler ile savaşa bile gitmişlerdir. Ayrıca çoğu sanatçının, yaratıcı fikirlerini rüyalarından edindiği bilinmektedir.

Ama artık insanlar yedikleri bazı besinlerden, içtikleri kalitesiz sulardan ve florürden dolayı gördüklerini hatırlamıyorlar. Çünkü o âlemin en büyük hassası beyindir. Beynin üçüncü göz dediğimiz kozalaksı yapıda olan bölgesi o âlem için çok önemlidir. Bu sizin tabirinizle meşhur üçüncü göz denilen bölgedir.

Hakikaten, beyler, siz hiç rüyalar sayesinde yani bu kral yolu sayesinde yapılan icatları ve keşifleri duydunuz mu?"

Masadakiler garip ifadelerle birbirlerine baktı. Tekin de zaten cevap beklemiyor olacaktı ki konuşmasına devam etti.

"Mendeleyev'in periyodik tabloyu bulması, John von Neuman'nın bilgisayarların temelini atan buluşlarını yapması,

Norbert Wiener'ın radarı bulması, Einstein'in rölativite kuramı ile ilgili bazı gerçekleri formüle etmesi, Tesla'nın bazı buluşları... Hep rüya sırasında gerçekleşmiştir.

Niels Bohr adlı bir yüksekokul öğrencisi genç şöyle bir rüya görür. Kendisi güneşin kızgın gazlarla dolu merkezinde duruyor ve gezegenler ince ipliklerle bağlı oldukları güneşin etrafında dönüyorlar. Her gezegen Bohr'un yakınından geçerken bir de düdük çalıyor. Sonra yanan gazlar soğuyup katılaştı. Güneş ve gezegenler uzaklaşıp gitti ve Bohr uyandı. Bu rüya Güneş Sistemi ile atom yapısı arasında bir benzerlik olduğunu gösteriyordu. Böylece atomun ilk modern tablosu ortaya çıktı. Ortada bir çekirdek ile bunun etrafında dönen elektronlar... Yani modern atom teorisi bir rüya ile başlamış oldu.

19. asrın ortalarında ilim adamlarını hayrete düşüren bir olayın hikâyesi, bilim tarihinin sayfalarında yerini aldı. Kimya ilminde büyük bir adımın atılmasına yol açan olay Alman kimyacı Friedrich August Kekule'nin rüyasıydı.

1850 yıllarında İngiltere›nin sisi eksik olmayan şehri Londra›da çalışmalarını sürdüren Kekule yorgun argın laboratuvarından oteline dönerken otobüste uyuyakaldı. Ve biraz sonra da rüya görmeye başladı. Rüyasında atomlar zıplayıp oynayarak karşısında dans ediyor, bazıları da el ele verip zincir şeklinde bir halka meydana getiriyorlardı.

Arabanın fren yapmasıyla Kekule uyandı. Fakat rüyası ona çok şeyler öğretmişti. Gördüklerini formül hâline getirip defterine kaydetti. Rüyadan yararlanarak ortaya attığı teori ile meşhur oldu ve kimya ilminde de büyük bir hamlenin öncülüğünü yaptı.

Aradan on beş sene geçti. Bir kış günü Kekule çalışma odasının şöminesinde yanan odunların çıtırtısını dinlerken uyuyakaldı ve yine rüya görmeye başladı. Yine rüyasında atomların hoplayıp zıplayarak dans etmekte olduğunu ve onları birbirine kenetleyen zincirlerin de birer yılana benzediğini gördü. Sonra yılanlardan biri aniden dönerek kendi kuyruğunu ısırdı. Bu esnada da Kekule uyanıverdi.

Böylece karbon atomlarının zincirler şeklinde halkalar meydana getirebileceğini rüya sayesinde fark edebilmişti. Bunun sonucu olarak içyapısı çözümlenemeyen benzinin yapısı anlaşıldı."

Tekin, masada duran şişeden su doldurdu bardağına. Bir yudum içti. Diğerleri rüyalar hakkında anlattıklarını ilgiyle dinliyordu. Masaya bardağı koyarken "Edgar Cayce... Belki bu ismi duymuşsunuzdur," diyerek sözlerine devam etti.

"Sırf bu isim bile rüyalar âleminin muhteşemliğini ortaya koyar.

Edgar Cayce rüyalarında, geçmişi ve geleceği görmüştür. Hastalıklara rüyaları sayesinde doğru teşhisler koymuş ve binlerce kişi için gerekli tedaviyi söylemiştir. Sırf Edgar Cayce'nin hayatını incelemek bile insanlara rüyalar âleminin aslında bambaşka, muhteşem bir âlem olduğunu öğretir.

Edgar Cayce artık bu rüya olayını tam anlamıyla anlamıştı. Belki ondaki durum doğuştan bir yetenekti. Aslında her birimiz uyuduğumuz her vakit rüya görürüz aynı Edgar Cayce gibi. Ama onunla diğer insanlar arasındaki bariz fark beynimizde kozalaksı bir görünüme sahip olan üçüncü göz, epifizin, florür ve bazı gıdaların terkibinde bulunan maddelerden ötürü esas gücünü kaybetmesi ve fonksiyonlarını yerine getirememesiydi.

Edgar Cayce'de durum böyle değildi. Bu rüyalar âlemine her uyuduğunda girmesi, gördüklerinin geçmişin ve geleceğin bilgilerinin olduğunu anlamasıyla ortaya çıktı. Edgar anlamıştı oranın farklı bir yer olduğunu. Bu alanda deneyimleri arttıkça kontrol edebildiğini de fark etti. Artık kısa kısa ama aralıklarla uyuyordu. Bunu da rüyalar âlemine, kral yoluna, girebilmek için yapıyordu. Bu sayede artık insanlara müthiş faydalar da sunmaya başladı. Bunu hipnoz edilip uykuya dalarak devam ettirdi.

Cayce'ın sekiz yaşındaki oğlu oynarken bir magnezyum patlamasına sebep olur ve doktorlar bir gözünü kurtarmak için diğerini çıkarmayı önerirler. Bunu kabul etmeyen Cayce, hipnoz ile daldığı uyku sırasında gözlere on beş gün süreyle tannik asit pansumanı uygulanmasını söyler. Doktorlar bunun çılgınlık olduğunu söylemesine rağmen on beş gün sonra çocuğun gözleri iyileşir.

Bir uyku seansında dört reçete yazdırmıştı ve bunların kime uygulanacağı bilinmiyordu. Sonradan kendisine başvuracak dört hastanın reçetesini kırk sekiz saat önce yazdırdığı anlaşıldı.

Bir seans sırasında, Codiron adında bir ilaç yazdırmıştı ve ilacı yapan firmanın adresini vermişti. Telefon edildiğinde ilaç firması şaşırmış, 'Nereden duydunuz? Formülü yeni bitirdik ve ismini yeni koyduk.' demişlerdi.

Cayce öleceği günü ve saatini önceden haber vermişti. Rüyasında öğrenmişti.

'Akşam beşte tamamen kurtulacağım.' diyordu. Dediği gibi de oldu."

Tekin masadan su bardağını aldı. Birkaç yudum içip tekrar masaya bıraktı. Herkes rüyalar âleminin sırları karşısında şaşkındı. Yine gizemli bir şeyler anlatıp susmuş gibiydi. Karşıda görünen gökdelenlerin ışıltısına bakıyordu. Sonra birden tekrar sesi duyuldu.

"Beyler aslında sözü fazla uzatmaya gerek yok. Tüm gerçek her zaman olduğu gibi yine Hz. Muhammed Mustafa (s.a.v) Efendimizin sözlerinde. Olayın gizemini ve rüyalar âleminin ne olduğunu ben burada size, sabaha kadar ağzınızı açık bırakacak sırlı olaylarla anlatabilirim. Ama işin özü, aslı her zamanki gibi Efendimizin (s.a.v) tek sözünde. Buhari'de geçen bir hadisi şerif vardır. Zira hepinizde bu hadisi duymuşsunuzdur.

"Müminin rüyası, nübüvvetin kırk altı cüzünden bir cüzdür."

Bu sözlerden sonra masada derin bir sessizlik oldu. Tekin'in rüyalar âlemi hakkında anlattığı bu muhteşem bilgileri düşünüyorlardı.

Uzun süren masadaki sessizliği Ali bozdu.

"Ya ayıp olmazsa ben sana aklıma takılan bir şeyi sorayım o zaman Tekin. Madem rüyalar âlemi hakkında bu kadar araştırman var. Aklımı kurcalayan bir şey var." diyerek konuşmaya devam etti.

"Sen az önce rüyalar âleminden bahsederken dikkat ettim, Hz. Muhammed Mustafa (s.a.v) Efendimizi dahi rüyalar âleminde görebiliriz dedin. Ama dikkat ettim anlatırken oralarda biraz farklı tonladı sesin.

Şimdi malum, memleket hasreti hepimizde var. Ben hasretimi, memleketimin televizyon kanallarını buradan izleyerek gidermeye çalışıyorum. Oradaki televizyon programlarında konuklardan olsun telefonla arayıp katılanlardan olsun televizyona o çıkan hocalara rüyalarında Hz. Muhammed (s.a.v) Efendimizi gördüklerini söyleyenler oluyor. Tabirini soruyorlar. Hocalar, iyidir, güzeldir, peygamberimizi rüyada görmek çok iyidir diyor sonuna ama diye ekliyorlar. Ama nasıl gördün, bazen bu rüya ciddi uyarıdır diye başlıyorlar. Ya ben burada çıldırıyorum. Vatandaş rüyada Hz. Muhammed (s.a.v) Efendimizi görmüş hoca diyor ki nasıl gördün, ciddi uyarı da olabilir. Bu konuda ne diyorsun?"

Tekin kısa bir süre havuzun suyuna baktı. Suya bakarak sakince konuşmaya başladı.

"Hz. Muhammed Mustafa (s.a.v) Efendimizi rüyada görebilmek, o nasıl bir şereftir. Zaten isteyen Hz. Muhammed

Mustafa'yı (s.a.v) rüyada göremez. Eskiler böyle bir rüyayı görünce mutluluktan uçarmış. Peygamberi rüyada görmek muhteşem bir şeydir, kelimelerle ifadesi imkânsız. Şimdilerde bazı kişiler, senin de dediğin gibi televizyonlara çıkıp, "Ama nasıl gördün? Rüyada peygamberi görmek bazen çok ciddi uyarıdır." diyor. Yahu gör de o kitabi tabirlere kafanı takma. O rüyanın ne demek olduğunu, O'nu gören insanın aslında ötelerde nasıl haşrolacağını bilse şaşkınlıktan küçük dilini yutardı. Daha rüyalar âleminin ne demek olduğunu oranın aslında ne olduğunu bilmiyorlar bir de utanmadan çıkıp rüya tabirciliği yapıyorlar. Rüya tabiri kitaptan yapılmaz. Rüya tabiri Ledün ilimlerinden bir ilimdir. Aynı benim rüyamı sen de görsen ikimiz için birbirinin aynı olan rüyanın bile tabiri her birimize göre değişir."

Herkes anlatılanların etkisiyle düşüncelere dalmıştı. Dondurmalardan aldıkları küçük parçalar bu sıcak yaz akşamının verdiği harareti serinletmiş, iyi gelmişti. Ama anlatılanlar masada her zaman alışageldikleri o şaşkınlık havasını bugün daha da katlamıştı. Dondurmalardan aldıkları birkaç kaşığın serinliği ile birlikte Tekin tekrar anlatmaya başladı

"Aynı şey mehdiyi bekleyenler için de geçerli. Ne o, televizyonlara çıkıp Hz. Muhammed Mustafa (s.a.v) Efendimizi rüyada görmüş kişiye 'Dikkat etmelisin bu ciddi bir uyarıdır.' diye yorum yapan hoca ne de Hz. Muhammed Mustafa (s.a.v) Efendimizden sonra mehdiyi, Hz. İsa'yı, peygamberi bekler gibi bekleyenler daha henüz Hz. Muhammed Mustafa (s.a.v) Efendimizin kim olduğunu, Resullüğünü ve Nebiliğini zerre gram anlayamamış insanlardır.

Yahu mehdiyi, Hz. İsa'yı bile dört gözle bekliyorlar. Utan be adam, Hz. Muhammed Mustafa (s.a.v) Efendimiz, Kur'an-ı Kerim'in tabiriyle son peygamberdi. Ondan sonra peygamber gelmez. Neymiş, Hz. İsa gelecekmiş ama İslam üzerine hareket edecekmiş. Utanmazlığa bak, terbiyesizliğe bak. Sen Hz. Muhammed Mustafa (s.a.v) Efendimizi tanıyamamışsın. Onu tanımaya küçük beynin yetmemiş. Kuran-ı Kerim'i anlayamamışsın, okuyamamışsın. Zaten mehdi bazılarını uyandırmayacak..."

Onu hiç böyle görmemişlerdi. Her zaman güler yüzlü bir insan olarak tanıdıkları Tekin oldukça celalli konuşmuştu bu konuda. Sinirli görünüyordu. Bakışlarını masadakilerden adeta kaçırırcasına karşılarındaki gökdelenlerin ışıltılı görüntülerine dikmiş oraya bakıyordu.

Hulusi Bey bir süre Tekin'e baktı. Bu şekilde konuştuğuna göre demek ki bu konudaki sırrı biliyor. Adam rüyalar âlemini detaylı araştırıyor. Demek sırrı buldu ki bu konuda böyle celalli, diye içinden geçirdi.

Konuşmayacağını anlayınca; "Müsaadenizle ben bir şeyler söylemek isterim bu konuda." dedi.

Herkes dikkatle Hulusi Bey'i dinlemeye başladı. Sesi epey garipti. Dudaklarını konuşma aralarında ısırıyor, ağır ağır konuşuyor, sesi titriyordu. Gözleri dolmuştu.

"Aslında normalde bunu size anlatamazdım. Dediğimi yanlış anlamayın. Anlatmayı çok isterdim ama anlatamazdım.

Çünkü anlattığım zaman sadece haber verdiğim kişiye duyduğunuz saygıdan dolayı çok şaşırır, hayretle dinlerdiniz. Ama beyniniz tam tesirli olarak konuyu kavrayamazdı. Zira rüya dediğimiz şey dünyada en yanlış anlaşılan ve en yanlış değerlendirilen olayların başında gelir. Allah razı olsun Tekin Bey'in burada rüyalar âlemi hakkında şu an anlattığı şeyler gerçeğin üzerindeki sis perdelerini aralıyor. Bu durumda verecek olduğum sır hakiki manasına Tekin Bey'in verdiği bilgilerle birleşince kavuşuyor. Ama öncelikle size bir şeyler sormak isterim." dedi.

Hulusi Bey tebessüm ederek kısa bir süre etrafa baktı.

"Beyler Hz. Muhammed (s.a.v) Efendimizi yaşadığı devirde gören imanlı kişilere ne ad verilir?" diye sordu.

Cevap basitti. Hemen cevap veren Hakan, masadakiler adına da konuşuyor gibiydi.

"Sahabi denir abi!"

Hulusi Bey, "Evet, çok doğru! Şimdi vereceğim sırrı Hakan'ın bu cevabını aklınızdan çıkarmayarak ve Tekin Bey'in gece boyu sağ olsunlar rüyalar âlemi hakkında verdiği müthiş bilgilerle birlikte harmanlayarak düşünün. Aklınızın fetih kapıları açılsın." dedi.

Masadakiler her zaman dikkatle dinledikleri Hulusi Bey'in nasıl bir sırrı anlatacağını merakla bekliyorlardı.

Hulusi Bey, bardaktan bir yudum su içtikten sonra konuşmaya devam etti.

"Beyler, iyi dinleyin, size bir sır vereceğim. Dostum demişti ki:

Resulü Ekrem (s.a.v) Efendimiz yeryüzünde ilk kaldırılacak şeyler şunlardır buyurmuştur:

Rüyada peygamberi görmek...

Hacerü'l Esved...

Kur'an-ı Kerim...

Bu konuyu çok iyi düşünmek gerekir. Kıyamet alameti olarak zaten son devirlerde Kur'an-ı Kerim ve Hacerü'l Esved taşının kalkacağını birçoğunuz duymuştur. Ama zannedersem peygamberi rüyada görmenin kaldırılacağını ilk kez duyuyorsunuzdur. Ben de dostumdan öğrendim. Onun nereden öğrendiği ise zaten malum. Burada çok dikkat etmek gerek dünyada ilk kaldırılacak üç şey arasında Resulü Ekrem'i rüyada görmek var. Demek ki çok önemli bir şey. Demek müthiş bir sırrı barındırıyor ki bu nimet ilk kaldırılacak şeyler arasında.

'Benden sonra peygamberlik kalmadı. Ancak bazı müjdeler olur. Bunu ya müminler rüyada görür yahut bu müjdeler onlara görünür.' buyurmuştur Resulullah.

Bu konuda özel bir uyarıda yapmıştır.

'Rüyada beni gören, gerçekten görmüş olur. Çünkü şeytan benim şeklime giremez.' buyurur Resulullah.

Bu ne demektir, niçin söylüyor bu hadisi Hz. Muhammed Mustafa (s.a.v)?

Bir insan Hz. Muhammed Mustafa (s.a.v) Efendimizi rüyada görmüşse hakikaten görmüştür. Çünkü şeytan asla ama asla Hz. Muhammed (s.a.v) Efendimizin şekline bürünemez. Bunu Resulullah diyor.

Dostum anlatmıştı, aslında bir insanın rüyasına girmek bir nevi şekli taydır. Duymuşsunuzdur dinimizde bir tabir vardır ve her zaman nasıl yapıldığı kafaları kurcalar. Her zaman dillerden düşmeyen ve çok merak edilen tayyi mekân, tayyi zaman, tayyi ses mevhumları vardır. Evliyaların bu kerametleri olduğu bilinir.

Tayyi zaman şu anın anlatımıyla zaman yolculuğu, tayyi mekân bulunduğu yerden anında başka çok uzak bir yere gitmek, tayyi ses bulunduğu yerden çok uzaklara sesi iletmek şeklinde tasvir edilebilir kısaca. İşte bir insanın rüyasına girmekte bir nevi şekli taydır.

Şimdi bu noktaya rica ederim çok dikkat edin...

Bu cümleyi çok iyi düşünün ve anlayın ne kadar müthiş bir şey olduğunu Resulu Ekrem'i rüyada görmenin.

Resulu Ekrem'i rüyada görmek, Resulun arzusu iledir. Gizlidir.

Bir insan Resulu Ekrem'i rüyada gördüğünde kimseye söylememelidir. Çünkü rüyada Resulü Ekrem'i gören kişi sahabe olmuş olur. Bilmeden o kişiyi gören de tabiin olur. Bu suretle sahabeyle, tabiin dünyada eksik olmaz. Söylenmediği takdirde bu gibiler tavırlarından, yüzlerinden bellidirler. Fakat ancak ehli anlar onları.

Neden kaldırılıyor kıyametten evvel peygamberi rüyada görmek işte şimdi iyi düşün. Ve anla peygamberi rüyada görmenin ne büyük bir nimet olduğunu.

Ne demiştik az önce, 'Rüyada beni gören gerçekten görmüş olur. Çünkü şeytan benim şeklime giremez.' buyurur Resulullah.

Bu ne demektir, niçin söylüyor bu hadisi Hz. Muhammed Mustafa (s.a.v)?

'Beni rüyada görebilecek kadar secdeyi rahmana kapanmış. Benim Ravzamı salavat-ı şerife ile yıkamış. Benim rızamı almış insan ve beni rüyasında gören sahabe olur. Ona katiyen şeytan yanaşamaz.'

Hz. Muhammed Mustafa (s.av) Efendimiz işte bu muhteşem sırrı söylemektedir bir hadisi şerifinde.

'Tubâ le men reanî amene bihi. Sümme Tubâ, Sümme Tubâ, Sümme Tubâ ve men amene bi gâlemeniha: Ne mutlu beni görene! Ne mutlu beni göreni, göreni, göreni, göreni görene!' diyor.

Bu sayede kıyamete kadar sahabe vardır. Belki içimizde sahabe de vardır, tabiin de vardır, tebe-i tabiin de vardır.

Rüyada, Hz. Muhammed (s.a.v) Efendimizi gören sahabe olur. Amma bu rüyasını asla ama asla kimseye söylemeyecek. Şart bu, söylemeyecek. Sadece kendisi bilecek."

Hulusi Bey sözleri bitince hemen masadan kalktı. Yüzü nerdeyse kıpkırmızıydı. Gözleri dolmuştu.

"Affedersiniz lavaboya gitmeliyim!" diyerek hızla masadan ayrıldı.

Duydukları karşısında masadakiler adeta donup kalmıştı. Yaşanan sanki kısa bir şoktu. Kimse konuşamıyordu. Konuşulanlar, anlatılanlar muhteşem ötesiydi. Masada çıt çıkmıyordu. Mekânda duyulan müziğin sesini, masalardan yükselen sesleri, şen kahkahaları duymuyorlar gibiydi.

Çok uzun süre hiç kimse bir şey söyleyemedi. Şaşırmışlardı. Gece boyu anlatılanlarla birlikte Hulusi Bey'in "Hz. Muhammed Mustafa'yı (s.a.v) rüyada gören sahabi olur." sözü adeta akıllarını mest etmişti.

Bir süre sonra masadaki sessizliği çalan telefonun sesi bozdu. Tekin'in telefonunun melodisi duyulunca ekrana baktı. Yan yana oturduklarından Hakan'da ekrandaki arayan yazısını görmüştü.

Pearl 27 arıyor...

Tekin "Müsaadenizle, çok affedersiniz mühim bir arama, bakmam gerekiyor." diyerek masadan ayrıldı.

Hulusi Bey bir süre sonra masaya döndüğünde Tekin az ilerde duvara yaslanmış, şehrin ışıklarına bakarak telefonla konuşuyordu.

Aslında masadakiler birçok şey sormak istiyorlardı. Ama Hulusi Bey çok önceden onları uyarmıştı. Tanıştıkları ilk günlerden, hocasından ilk sırrı anlattığı günlerden beri gelen bir uyarıydı bu.

"Beyler size bir sır vereceğim dedikten sonra anlattıklarıma itiraz etmeyiniz. Çünkü o cümleden sonra anlattıklarım hocamdandır. Dostumdan olursa da dostum demişti ki diye belirtirim. Onun için o cümleden sonra anlattıklarıma itiraz etmeyiniz. Anlattıklarımın sonrasında neden? Niçin? Nasıl? Diye sormayınız. Sadece dinleyip öğreniniz. Zira Ledün ilminde itiraz olmaz, soru sorulmaz."

Bu uyarıyı çok iyi hatırlıyorlardı. Hulusi Bey'de birkaç kez bu uyarısını hatırlattığı için bir şey diyemediler. Zaten bu gece pek de *nasıl yani*, diye sormaya gerek kalmamıştı. Tekin'in verdiği bilgiler Hulusi Bey'in anlattığı sırları tamamlamıştı. O yüzden hepsi mest olmuşçasına, garip bir haldeydi. Öğrenilen bu sırlar muhteşemdi.

Hulusi Bey belli ki yüzünü yıkamış, saçlarını ıslatmıştı. Ferahlamış bir hâli vardı. Yüzüne o her zamanki mütebessim ifade gelmişti. Tekin'e baktığını fark edince Hakan'da oraya doğru döndü.

"Pearl 27 arıyor. Benim tabirimle Tekin'in en tehlikeli şirketi... Bir şeyler var galiba!" dedi.

Tam o sırada telefonu kapatarak masaya doğru yürümeye başladı. Gözler temas edince birbirlerine gülümsediler.

Masaya dönüp koltuğuna oturunca, "Evraka, evraka diye bağırarak gelirsin dedim ama bağırmadın hâlâ bulamadınız galiba." diye takıldı Hakan.

Tekin gülümseyerek, "Yok ama yakında bağırırım." diye cevap verdi.

Mehmet borsa uzmanı olmasının verdiği merakla hem öğrenmek hem de espri yapmak istercesine; "Tekin, dostum. Senin Pearl ne iş yapar bilmem ama hani öz sermayesi kuvvetliyse borsaya açalım ne dersin?" dedi gülerek.

Tekin'in yerine cevap vermek için Hakan atıldı.

"Oğlum, Pearl öyle basit bir şirket değil. Kaldıramaz Wall Street onu."

Masadaki ortam bir anda değişivermişti bu esprili konuşmalarla. Tekin ile Hakan gülüyorlardı.

Mehmet " Sahi ne yapıyor bu senin şirket, Pearl!" diye sordu.

Yine cevap veren Tekin değil Hakan olmuştu.

"Bildiğin gibi değil. Çok tehlikeli çok!" diyerek güldü.

Masadakiler de Hakan sayesinde gelen bu esprili ortama hafiften ayak uydurmaya başlayıp gülümsemişlerdi ister istemez.

Gülmeyen tek bir kişi, Hulusi Bey'di. Sadece ayıp olmasın dercesine yüzünde hafif bir gülümseme vardı. Düşünceler anaforunda boğuşuyordu. Heyecanlıydı. *"Bu adamın hiçbir şeyi basit değildir."* düşüncesindeydi. Zaten bu düşüncelerle kendini tutamayıp sordu.

"Tekin Bey merak ettim Pearl, dediğiniz şirketinizi. Hakan Bey sağ olsun, güldürüyor ama her şakanın altında gerçeklik payı vardır. Tehlikeli bir konuda mı çalışıyor?"

Tekin hemen cevap verdi.

"Yok, hayır. Hulusi Bey, yanlış anlamanızı istemem. Hakan'ın takılması o. Çok değişik bir konu üzerinde çalışan bir laboratuvar. Pearl sesler üzerine çalışan bir şirket."

Tekin'in sözlerinden sonra gülümseyerek; "Mahsuru yoksa biraz açıklayabilir misiniz? Zira yaptıklarınız, araştırmalarınız müthiş şeyler. İnsan merak etmeden duramıyor." dedi Hulusi Bey.

"Tabii ki, isterseniz kısaca anlatayım Hulusi Bey." diyerek konuşmasını sürdürdü.

"Pearl laboratuvarını su ile ilgili yürüttüğüm füzyon araştırmaları sonrası kurdum. Sesler üzerine çalışan ileri teknoloji firmam. Tahminen yirmi ya da yirmi beş teknoloji firmasının çıldırmışçasına icat etmeye çalıştıkları yeni bir cihaz için yarışıyoruz. Sesleri yeniden duyurmaya çalışıyoruz.

Fiziğin kanunudur; vardan yok, yoktan var olmaz. Sesler ağzımızdan çıkınca hava sayesinde onu duyarız. Ağzımızdan çıkan sesimizin çok kısa bir süre sonra frekansı düşer ve duyulamaz hale gelir. Ama asla yok olmaz. Daha düşük frekansta sesimiz havayla birlikte yol alır. Bunun en güzel örneği yankı olayıdır. Bir vadide, yüksek dağ kitlesinin olduğu bir yerde bağırdığımız zaman sesimiz kısa bir süre sonra karşıdan yankılanır. Ve biz kendi sesimizi tekrar duyarız. Sesinizi taşıyan hava o yükseltiye çarpınca geri döner. Ve siz kendi sesinizi tekrar duyarsınız çok kısa süre sonra. Dağa çarpıp geri gelen hava, sizin sesinizi de geri getirir.

Şimdi öyle bir cihaz düşünün ki havanın içindeki düşük frekanslı seslerin tekrar frekansını yükselterek kulağımızın duyacağı seviyeye yükseltsin. Aslında bir bakıma bunu şu şekilde de düşünebilirsiniz. Biz şu an burada oturuyoruz. Havada hiçbir şey görmüyoruz. Ama burada eski model bir radyo olsa ya da onu boş verin cep telefonlarınızdaki radyoları açsanız yüzlerce radyo yayını duyarız. Evet, kulaklarımızla duyamıyoruz ama aramızda dolaşan şu havanın içerisinde yüzlerce radyonun sesi var. Her biri müzik yayını yapıyor, konuşuyor. Ama biz bunları radyo denen cihaz olmadan kulağımızla duyamıyoruz. İşte bu durumda bir nevi böyle. Şu an benim bu konuşmalarımın desibeli sizin kulağınıza ulaştıktan hemen sonra düşüyor. Yan masada artık kulağın duyamayacağı bir desibele ve seviyeye iniyor. Bir cihaz olsa desibelini yükseltse o ses tekrar duyulur.

İşte Pearl bunu yapmaya çalışan bir şirket..."

Masadakiler ve Hulusi Bey ilgiyle dinliyorlardı. Tekin anlatmaya devam etti.

"Bu yarışta diğerlerinin amacı bunu akıllı telefonlarınıza yüklenecek bir program haline getirmek ama bu imkânsız. Çalışmalar bunun antenli radyo benzeri cihaz olması gerektiğini gösterdi bize Pearl'de. Diğer firmalar bunu müthiş bir çılgınlık olarak düşünüyor. Aynı Sony'nin walkman icadı gibi görüyorlar. Vefat etmiş annenizin babanızın eski konuşmalarını yakalayıp dinleyeceksiniz. Tabii gerçekleştiğinde çılgınca satacak bir buluş."

Barış, "Çok fantastik bir şey." deyince Tekin hemen cevap verdi.

"Yok, hayır, fantastik değil! Gerçek bu. Doğa kanunları bunun olacağını gösteriyor. İlk cep telefonunu siz elinize aldığınızda çok beğendiniz. *Vay be*, diyerek kullandınız. Ama en az on tane firma yıllardır cep telefonunu icat etmek için uğraşıyordu. İlk cep telefonunun satışından tam yirmi yıl önce, güzel bir göl kenarındaki laboratuvarda Nokia mühendisleri harıl harıl cep telefonunun boyutlarını küçültmek için uğraşıyorlardı. On firmadan ipi ilk göğüsleyen Nokia oldu. Yirmi yıldır uğraştığı çabasının karşılığını aldı. Sorarım size Nokia'nın o laboratuvarında çalışan mühendis bir arkadaşınız olsaydı ve onunla burada aynı benimle oturup sohbet ettiğiniz gibi bir akşam oturup konuşma imkânınız olsaydı o mühendis çalışmalarının ilk yıllarında, bu evinizdeki telefonları yakında cebinizde taşıyıp her yere götüreceksiniz, yürürken konuşacaksınız ve mesaj yazıp göndereceksiniz deseydi, inanır mıydınız o yıllarda?"

Tekin cevap beklemiyordu yine de masadakiler *"Hayır!"* dercesine başlarını salladılar.

Sadece Hakan konuştu.

"Ne inanması, sıyırmışsın sen oğlum, sen az tatile çık derdim."

Hakan her zamanki muzipliğiyle konuşurken Tekin masadaki su şişesinden bardağına su doldurarak birkaç yudum içti.

Ardından Barış'a bakarak, konuşmasına devam etti.

"Tabii ki inanamazdınız. Bütün teknolojik cihazların arkasında yıllar önceki hayaller ve yılları içeren müthiş bir çaba yatar. Kaldı ki bu çağları değiştirecek bir buluşsa…" diyerek sustu.

Bardaktan birkaç yudum daha su içti. Tam o sırada Hulusi Bey'in sesi duyuldu.

"Diğerleri müthiş bir çılgınlık olarak görüyor çok satacak bir cihaz olarak görüyor dediniz. Zannedersem bu sözlerden anladığım kadarıyla Pearl yani siz olaya başka bir açıdan da bakıyorsunuz." diyerek baktı cevap vermesini bekleyerek.

Tekin kısa bir süre önüne baktı. Sessizlik olmuştu yine.

"Evet, iyi yakaladınız Hulusi Bey. Onlar gibi çok satacak bir cihaz olarak bakıyorduk ama karşımıza çıkmaya başlayan sonuçlar her şeyi değiştirecek bir buluş olduğunu gösteriyor. Onun için epey farklı bakıyoruz."

Hulusi Bey hem meraklanmış hem de heyecanlanmıştı.

"Karşınıza ne gibi şeyler çıktı da bakışınız diğerlerine göre değişti?" diyerek sordu ama hemen ardından ekledi.

"Tabii anlatmanızda bir mahsur yoksa..."

"Sizler dostlarımsınız, size anlatmanın ne mahsuru olabilir ki!" diyerek cevaplayınca masadan, bu sözle mutlu olduklarını belirtircesine "Bilmukabele,", "Cansın," tarzında sesler yükseldi.

Tekin birkaç yudum daha su içerek konuşmaya başladı.

"Bütün sesler kâinatta kaybolmazlar. Onlar seslerin hava katmanlarında dolaşmakta olduğunu düşünüyor. Ama bizim çalışmalarımız seslerin hava ile bir yere gittiği ve orada toplanmakta olduğu yönünde. Nasıl söylesem desibeli çok düşük bir hava ortamında bulunuyorlar. Bir gün, bir teknolojik cihaz bu sesleri toplayacak. Uğraştığımız konu da bu zaten. Ve tüm insanlığa bu cihaz olarak sunulacak. Bizim çalışmalarımız da her sesin ilk etapta duyulamayacağını, yakalanamayacağını gösteriyor. Bazı güçlü ruhların söylediği sözlerin desibelini yükseltmek kolay olacak diye bakıyor uzmanlarımız. Ama belli olmaz her ses içinde bu gerçekleşebilir. Düşünün biz bu cihazı bulduğumuzda sizler bunu merakla tüm insanlık olarak alacaksınız. İlgiyle geçmiş kişilerin seslerini dinleme oyununa dâhil olacaksınız. Bu aynı internetten size tavsiye edilen bir site gibi olacak. İşte şu Mhz'de, şu noktada, şu desibelde bir ses var dinle çok komik ya da işte çok enteresan diye.

Birisi çıkacak bugün Hitler'in konuşmasını yakaladım şu Mhz'de, şu desibelde diye. İşte herkes oraya hücum edecek. Bir günde birisi çıkıp diyecek ki "Millet şu desibelde çok ilginç çok hoş bir ses konuşuyor. Çok garip şeyler söylüyor."

Millet o desibele, o Mhz'ye akın edecek cihazlarıyla.

O sesi yakaladıklarında, "Ey havarilerim! Ey insanlar! Biliniz ki sizi yaratan Allah birdir. Tekdir. Ben de O'nun oğlu değilim. O doğmamış, doğrulmamış eşi ve benzeri yoktur. Allah'a eş koşmayın. Benden sonra, son peygamber Ahmed gelecektir. Ahir zamanda O'na yetişen, benim gibi O'na biat etsin." denildiğini duyacaklar.

Evet, herkes bu sesi o cihazdan, o Mhz'de yakalayınca duyacak. Kendi elindeki cihazdan, gidip satın aldığı o radyo benzeri cihazdan, Hz. İsa'nın sesinden, Hz. İsa'nın sözlerini..."

Bu gece anlatılanlar karşısında şok olmamak mümkün değildi. Tekin'in anlattıklarından sonra masada herkes birbirine bakıyordu. Söyleyecek kelime kalmamıştı.

Hulusi Bey'in kalbi yerinden fırlayacak gibi atmaya başladı. Hemen masada önünde duran cam şişeden bir bardak su doldurdu bardağına. Elleri titriyordu heyecandan. Bereket herkes anlatılan şeyin şokunda olduğundan ellerinin titrediğini ve suyu içerken biraz üzerine döktüğünü fark etmedi. Gözlerini yumarak yudum yudum içti. Hızlı nefes alıp veriyordu. Kendisini sakinleştirmeye çalıştı.

İçindeki bağıran sesi susturamıyordu.

Beklediğin adam bu...

Tekin adeta masadakilerin kendilerini toparlaması için zaman vermiş gibi kısa bir süreliğine susmuştu. Yüzünde muzip bir gülümseme vardı. Birkaç yudum su içtikten sonra konuşmaya devam etti.

"Şimdi düşünmek gerekir işin doğrusunu. Kur'an-ı Kerim der ki; *Doğrusu Allah O'nu gökyüzüne yükseltti.* Nisa suresi 158. ayette böyle der. Ama Kur'an, Hz. İsa'nın çarmıha gerilmediğini anlatarak bunu söyler. Çarmıha yüzü ona benzetilen ispiyoncu gerilmiştir. Yükseltilen Hz. İsa'nın sesi idi. Ahir zamanda yine inecek olan da sesinden başkası değil. Gökten Hz. İsa gelecek diye beklersen o zaman senin imanına şaşarım. O zaman sen anlayamamışsın Hz. Muhammed Mustafa (s.a.v) Efendimizi. Anlayamamışsın son peygamber oluşunu asla peygamber gelmeyeceğini. Hz. İsa gelecek ama Müslümanlık kaideleriyle iş yapacak diyenler insanları aldatmaya çalışanlardır. İnecek olan Hz. İsa'nın sesidir, sesi! İtiraz eden varsa açsın Kuran'ı okusun. Kuran diyor ki; *"Rabbi Musa'ya bir ağaçtan seslendi."* Bu ayeti iyi düşünün. Neden bir ağaçtan seslendi. Biz işte buralardan hareket ettik. Ve en kolay yakalanacak sesler güçlü ruhların sesleri...

Bu yüzyıldan sonra müthiş bir akım başlaması için onun illa ki teknoloji ile yürümesi gerekir. Bunu sakın unutmayın. Kitleleri değiştirecek olan akımlar sadece teknoloji ile olacak. Gerisi beyhude bir aldanıştır."

Tekin'in Pearl şirketinde yaptıklarından ve bu bahsedilen son teknolojik gelişmelerden verdiği bilgiler adeta gecenin şok dalgalarından biri gibiydi.

Bu durum Ali'nin sözlerinden belli oluyordu.

"Hulusi Abi ve Sayın Tekinciğim Allah sizlerden razı olsun. Bu gece muhteşemdiniz. Önceki gecelerde Hulusi Abi bir sır veriyordu, hafta ortasına kadar o sırrı düşünerek sarhoş gibi dolanıyordum. Bu gece her ikiniz de muhteşem sırlar anlattınız. Bir ay idare ederim ben bu sırlarla. Leyla gibi dolanırım artık." deyince masadakiler ister istemez epey güldüler.

Onca gülüşme arasında Hakan muziplik yapmaktan vazgeçmiyordu.

"Oğlum sen Leyla gibi dolaşamazsın, Mecnun gibi diyeceksin şaşkın."

Sohbetin tadından vaktin ne çabuk geçtiğini anlayamamışlardı. Sabah olmak üzereydi. Mekânda sadece onlar kalmıştı.

Hulusi Bey; "Beyler hadi hep beraber buraya en yakın camiye sabah namazına gidelim. Oradan herkes evine gider." deyince birbirlerine baktılar.

Erdal "Bana uyar abi." deyip ilk cevap veren oldu. Diğerleri de "İyi olur." , "Tabii gidelim." diyerek ardı ardına Hulusi Bey'e cevap verdiler.

Hulusi Bey, Ali, Mehmet ve Hakan kendi arabalarıyla gelmişti. Üç araba içerisinde yedi dost New York'un ışıltılı caddelerinden, hızla, birbiri ardına, Malcom Şahbaz Camii'ne doğru yol almaya başladı.

Amerika'da hayat erken başlıyordu. Sabahın bu vaktinde, tatil günü olmasına rağmen işe yetişmek için erkenden yollara düşen Amerikalılar vardı.

Sabah namazını kılıp camiden çıkmışlardı. Huzurlu, hoş bir sabahtı. Ama hâlâ gece boyu konuşulanların, öğrendikleri sırların etkisindeydiler.

Birbirlerine, "Allah kabul etsin." diyerek arabalara doğru yöneldikleri anda Hulusi Bey; "Beyler vaktiniz varsa size sıcak bir çorba ısmarlayayım. Biraz uzak ama nasıl olsa arabalarımız var. On beş, yirmi dakika kadar sürer fakat söz veriyorum buna değecek. Çok hoş bir Türk lokantası var. Bir arkadaşımın oğlunun. Hem bu muhteşem gecenin sonuna yakışacak müthiş bir sır vereceğim size." dedi.

Birbirlerine baktılar. Böyle bir daveti reddetmek mümkün müydü?

Üç araba birbiri ardınca içinde akşam öğrenilen sırların tesirinde yapılan hararetli konuşmalarla Hulusi Bey'in bahsettiği lokantaya doğru hızla yol aldı.

Tatil günü olması ve sabah trafiğinin az olması sayesinde yolculuk on beş dakika kadar sürmüştü. Hulusi Bey'in otomobili kaldırıma doğru sinyal verip durunca peşindeki diğer iki araç da sinyal vererek durdu.

Hulusi Bey kendi aracından inerek hemen kaldırıma yürüdü ve bekledi. Karşıya, İstanbul yazan restorana bakıyordu. Her hâlinden belliydi dükkânın bir Türk lokantası olduğu. Cadde oldukça genişti. Araçların egzozundan çıkan gazların iğrenç kokularını bile bastırıyordu mis gibi tavuk çorbasının kokusu.

"Şu kokunun güzelliğine bakar mısınız? Tavuk çorbası enfes kokuyor. Mübarek sanki kendimi Konya'mda hissettim." dedi Hakan.

Hakikaten de öyleydi. Diğerleri de bu kokuyu aldığı için belki de aynı hislerle kendi memleketlerinden bir parça bularak Hakan'a hak vererek gülümsediler.

Her zamanki aceleciliğiyle Hulusi Bey'e; "Abi ne bekliyoruz. Zaten caddenin yanlış tarafına park ettik. Karşıya geçelim artık. Şu çorbanın tadına bakalım." dedi.

Hulusi Bey babacan bir tavırla karşılık verdi. "Söz verdiğim gibi Hakancığım önce sırrı söylemek için özellikle lokantanın karşısında durdum. Sırrı söyleyeyim sonra karşıya geçip çorbalarımızı afiyetle inşallah içelim."

Bu sözler üzerine herkes merakla ve dikkatle beklemeye başladı.

Hulusi Bey gülümsedi.

"Beyler her zaman dediğim gibi sakın sonrasında bir şey sormayın. Ben dostumun dediğini size anlatayım. Siz düşünün. Ama yalnız kendiniz düşünün. Çekilin sakin kuytu bir köşeye öylece düşünün. Tefekkür edin."

Tamam dercesine başlarıyla onayladılar.

Başını hafifçe yukarı kaldırdı. Derin bir nefes aldı. Havayı kokluyor gibiydi. Gözlerini kapatmıştı.

Sonra aniden diğerlerine dönerek; "Beyler havayı koklayın, kokuyu alıyor musunuz?" diye sordu.

Kokunun duyulmaması imkânsızdı. Ama Hulusi Bey bir sırrı anlatacağına göre vardır bir hikmeti diyerek onun yaptığı gibi derin nefes aldılar.

Hakan yine dayanamadı.

"Hulusi Abi havada enfes tereyağlı tavuk çorbası kokusu var."

Hulusi Bey gülümseyerek, başıyla karşıdaki lokantayı işaret etti.

"Koku karşıdaki lokantadan, buraya on veya on bir metre uzaktan geliyor. On metre ilerideki lokantada tereyağı dökülmüş tavuk çorbasının kokusunu tam içinizde duyuyorsunuz. Dikkat edin orada veya yanı başınızda ya da hemen dibinizdeymiş gibi duymuyorsunuz, kokuyu içinizde hissediyorsunuz." dedi.

Hulusi Bey sırrı anlatmaya başladığı için çok dikkatle dinliyorlardı. Düşünmeleri için kısa bir mola vermişçesine sustu.

Dikkatlerini yoğunlaştırarak havayı kokladılar. Anlatılanları düşünerek kokluyorlardı. Evet, haklıydı koku lokantada değil tam içlerindeydi.

Hulusi Bey gülümseyerek bakıyordu.

"Size hayatınızı ve kendinizi değiştirecek bir sır vereyim. Beni iyi dinleyin ve çok dikkat edin.

Göz bir âlettir. Dışarıdaki bir cisimden gelen ışık dalgaları o cismin şeklini gözümüzün içine ve oradan beynimize götürür. Bu sayede, biz o cismi görürüz. Fakat cismi, dışarıda olduğu yerde görürüz. İçimizde, kafamızda değil..." diyerek eliyle karşılarındaki lokantayı işaret etti.

"Bakın, lokantayı tam yerinde, orada olduğu yerde görüyorsunuz."

Her biri öğretmenlerinden ders alan öğrenci tavrıyla başını anladım dercesine salladı.

Devam etti.

"Kulak bir âlettir, ses dışarıdan dalga şeklinde kulağa, oradan beyne gider. Bu sayede duyarız. Fakat sesi daima çıktığı yerde duyarız, kulağımızda değil..." dedikten sonra tekrar lokantayı işaret etti.

"Lokantanın önündeki adamların konuşmalarını ve içeriden gelen müziğin sesini az da olsa duyuyorsunuz ama orada duyuyorsunuz, tam lokantada duyuyorsunuz. Ses oradan geliyor."

Hulusi Bey'in bir gizemi anlattığının bilincinde oldukları için düşünerek tekrar lokantaya baktılar. Doğrularcasına ve evet dercesine başlarını salladılar.

Sözlerini ağzından tane tane çıkan kelimelerle sürdürdü.

"Burun bir âlettir, bir yerden koku dalgaları burnumuza kadar gelir, kokuyu burnumuzda duyarız. Görme ve işitme gibi dışarıda, olduğu yerde değil, içimizde..."

Garip ve sırlı bir cümle söyleyip susmuştu. Son söylediği cümleyi düşünüyorlardı. İnanılmazdı, görüntü ve sesi gerçekten olduğu yerde lokantada, gördükleri ve işittikleri halde yine aynı lokantadaki tereyağlı tavuk çorbasının kokusunu burunlarında hissediyorlardı. Yani tam içlerinde.

Düşünmeleri için müddet vermişçesine bir süreliğine susan Hulusi Bey konuşmaya başladı. Kelimeler ağzından tane tane çıkıyordu.

"Bu küçük gizemi çözmeye çalışın...

Neden tüm kokuları burnumuzda, içimizdc, duyuyoruz? Neden ses gibi, koku da uzaktan geliyor diyemiyoruz? Neden karşı komşunun bahçesinde kızarttığı etin kokusunu oradan geliyor gibi değil de tam burnunda hissediyorsun?

Göz bir âlettir. Dışarıdaki bir cisimden gelen ışık dalgaları o cismin şeklini beyne kadar götürür ve biz o cismi görürüz. Fakat cismi dışarda görürüz... Kulak bir âlettir. Dışardan gelen ses dalgaları kulaktan beyne kadar girer, duyarız. Fakat sesi daima çıktığı yerde duyarız, kulağımızda değil... Burun bir âlettir. Bir yerden koku dalgaları burnumuza kadar gelir. Fakat kokuyu burnumuzda duyarız, dışarıda değil...

Gören, duyan kim?

Kokuyu alan *sen...*

Ben, kulum ile görür, işitirim! Buyurulmuştur. *Koku alırım!* değil..." dedi.

Hepsine bakarak konuşuyordu. Neredeyse her birinin gözleriyle temas etmişti gözleri konuşurken. Yavaşça başını çevirdi. Tekin ile göz göze geldi.

Tam gözlerinin içine bakarak; "Bu küçük sırrı çözmeye çalışın. Bunun çözümünde feth vardır. Feth, kuvvetin bilinen sırrıdır..." dedi.

Çalan telefonun sesiyle okumakta olduğu raporu bir kenara bırakarak telefonunu eline aldı. Arayan Hulusi Bey'di.

"Efendim!"

"Günaydın Tekin, umarım rahatsız etmiyorumdur." diyerek oldukça canlı, zinde bir sesle konuşan Hulusi Bey'in sesiyle birlikte etrafındaki kuş sesleri de duyuluyordu.

"Rica ederim rahatsızlık ne demek. Çok memnun oldum. Nasılsınız?" diyerek cevap verdi. Raporları okuduğu rahat koltuğundan kalkmış, pencereden Central Park'a bakarak konuşuyordu.

"Tekin Bey müsaitseniz Central Park'ta bir yer var. Sabah kahvaltıları ve ortamı çok hoştur. İsterseniz birlikte sabah kahvaltısı yapalım. Sohbet edelim. Tabii ki işlerinizden alıkoymak istemem. Bugün Cuma, öğleden sonraya kadar kendime ayırdım. Siz de müsaitseniz…" dedi.

Hulusi Bey nezaket ve inceliğini sesiyle de belli ediyordu.

Tekin "Çok memnun olurum. Central Park'taysanız evim çok yakın isterseniz buyurun evimde ağırlamaktan onur duyarım." diye cevap verdi.

"Hava çok güzel, doğa muhteşem, kuş cıvıltıları arasında yemyeşil doğada yürüyüş yapmak bize daha iyi gelir. Bence binaya tıkılıp kalmak yerine burada dolaşmak daha iyi olur. İnşallah başka zamanlarda evinizde kahvaltı yaparız. İsterseniz bugün parkta dolaşalım." dedi.

"Siz bilirsiniz. Ben hemen hazırlanıp geliyorum."

"Parkın içinde Bethesda Çeşmesi'nin yakınlarındayım, bekliyorum." diyerek telefonu kapattı Hulusi Bey.

Tekin hemen büyük bir heyecanla elbise odasına doğru koştu. Hulusi Bey'i bekletmek istemiyordu. Hemen siyah bir takım elbise giydi. Siyah deri ayakkabılarını hazırladı. Saçlarını taradı. Nedense çok heyecanlandırmış ve sevindirmişti bu davet.

Hızla evin kapısından çıktı. Asansöre yöneldi.

Central Park'a her gelişinde, ilk adım attığı anda sanki bir ormana gelmiş gibi hissederdi kendisini. Bu park oldum olası onu dinlendirir, huzur verirdi. Şimdi de aynısı olmuştu. Sanki birkaç dakika önce oldukça gürültülü, arabaların geçtiği bir caddede yürümemişti. Central Park, New York'un tam ortasında huzur dolu bir orman gibiydi Tekin için.

Ama bugün ağır adımlarla, yavaş yavaş dolaşmıyordu. Oldukça hızlı adımlarla Bethesda Çeşmesi'ne doğru koşarcasına ilerliyordu.

Oldukça uzun bir yürüyüş sonrasında çeşmenin yanına geldi. Etrafa bakındı. Sabahın erken saatleri olmasına rağmen gezen, dolaşan, sabah koşusu yapan, spor yapan çok sayıda insan vardı. Hulusi Bey'i görmeye çalıştı. Bulamayınca ceketinin cebinden telefonunu çıkartıp tam arayacağı sırada "Tekin Bey!" diyen bir sesle irkildi. Dönüp arkasına baktığında az ilerdeydi. Hemen yanına gitti.

Saygıyla eğildi elini öpmek için.

Geçen hafta, pazar sabahı, o lokantada çorbaları içtikten sonra ayrılmışlar ve bir daha görüşmemişlerdi.

Hulusi Bey insanın içini ısıtan sıcacık gülümseyişle Tekin'e bakarak, "Görüşmeyeli nasılsınız? Afiyettesinizdir inşallah." dedi.

"Allah'a çok şükür, elhamdülillah. Çalışıyoruz, hayat koşuşturması devam ediyor. Siz nasılsınız?"

Hulusi Bey de her zamanki nezaketiyle "Elhamdülillah," diye karşılık verdikten sonra; "İsterseniz, Angel of Water'a doğru yavaş yavaş yürüyelim." dedi.

Tekin gülümseyerek "Tabii ki!" deyince ağır adımlarla yürümeye başladılar.

Hulusi Bey'in bahsettiği yer, Central Park'ın içerisindeki en meşhur yerlerden birisiydi. Park'ın meşhur, *Suların Heykeli*'ne doğru yol alırken samimi bir şekilde konuşmaya devam ettiler.

Havadan, sudan, yeşillikten sohbet ederek yürüyorlardı.

"Bu hafta su ile ilgili şu füzyon şirketinizde umarım güzel gelişmeler kaydetmişsinizdir. Yeni şeyler öğrenebildiniz mi su hakkında?"

"Aslında her gün yeni şeyler öğreniyoruz. Su inanılmaz bir madde. Yapısında çok muhteşem şeyler barındırıyor. Öğrendiklerimi bir duysanız çok şaşırırsınız."

Hulusi Bey "Mesela..." diyerek, yürürken Tekin'e baktı, anlatmasını isteyerek.

Su hakkında anlatacak o kadar çok şey vardı ki Tekin hangisinden başlayacağını bilemiyor gibiydi.

Kısa süre düşündükten sonra; "Hulusi Bey, inanın anlatılacak o kadar şey var ki nerden başlayacağımı bilemiyorum. İsterseniz ben hemen aklıma gelen birkaç tanesini söyleyeyim," diyerek sözlerini sürdürdü.

"Su, sanki gizemlere bürünmüş muhteşem bir içecek. Ben aslında artık suya sadece içecek gözüyle de bakamıyorum. Su neredeyse her şey demek, benim için. Onsuz hiçbir şey mümkün değil gibi.

Mesela laboratuvarımızda yaptığımız araştırmalarda her su molekülünün birbirinden farklı olduğunu gördük. Her bir su molekülü, 104,7 derecelik bir açıyla mükemmel bir dikdörtgen şeklinde. Bu aslında tam anlamıyla bir geometridir ve geometri, molekülde var olduğundan, suyun çok belirli bir frekans özelliği var.

Her su molekülü, çift kutuplu, aynen gezegenimiz Dünya'nın kuzey ve güney kutbu gibi. Bu şekilde, her su molekülünün de, elektromanyetik kuşakla çevrelenmiş, bir eksi ve bir artı kutbu var.

Su, iki kutuplu olduğundan, belirli yerçekimi ve kaldırma kuvvetlerine tabii durumda. Suda, yerçekimi gücü var. Yukarıdan aşağıya doğru akıyor, bu herkesin malumu zaten. Fakat su kimyasal materyal olarak, yukarıdan aşağıya akarken, tekrar aşağıdan yukarıya saf ışık enerjisi olarak akıyor ki bu da gizemli bir durum.

Su, mükemmel bir çözelti maddesi ve her şeyi kendisine bağlayabilecek durumda.

Araştırmalar artık kesin bir şekilde gösteriyor ki, maddenin tüm formları, donmuş ışık veya yavaşlamış enerjiden başka bir şey değil. Sonuç olarak maddeyi enerji oluşturuyor zaten." dedi.

Hulusi Bey, bu yavaş yürüyüş sırasında hem Tekin'i dinliyor hem de yürüdükleri yolun kenarındaki göle bakıyordu.

Tekin'e döndü.

"Maşaallah, çok güzel bilgilere kavuşmuşsunuz laboratuvarınızda. Ama zannedersem sizin aradığınız şey bunlar değil."

Tekin bu cümle karşısında şaşırsa da cevap verdi.

"Evet, aradığımız bu değil ama her bulduğumuz şey inanılmaz ve yeni fırsatlar için yol açıyor."

Hulusi Bey "Lütfen devam ederseniz sevinirim." deyince Tekin, laboratuvarda ulaştıkları sonuçları kısa özetler hâlinde aklına gelenlerden anlatmaya devam etti.

"Bedenimizde, suyun günlük, aşağı ve yukarı canlı bir güç olarak aktığı, yaklaşık 90.000 km sıvı kanal var. Suyun içinde zaten canlılığı sağlayan dörtgen yapı var. Su, sarmal şekilde hareket ediyor. Banyoda bir bakın, su girdap oluşturarak hareket eder. Spiral oluşturan suyun hareketinin, genetik kalıtım bilgilerini içeren bedenimizdeki DNA ile aynı olması, bize çok ilginç geliyor. İşte bu sarmal hareket, sırrını bulmaya çalıştığımız şeylerden birisi."

Hulusi Bey bu bilgi karşısında "Çok ilginç, müthiş bir şey!" deme gereğini duymuştu. Etrafı yeşilliklerle dolu yol boyu yaptıkları ağır yürüyüş Tekin'in su hakkında ulaştıkları bilgileri anlatışıyla devam ediyordu.

"Suyu diğer sıvılarla karşılaştırdığımızda fiziksel ve kimyasal olarak benzersiz özellikleri olduğunu gördük. Örneğin suyun hacminin donma noktasının altında artmasının ve üzerinde azalmasının nedenini hiçbir bilim insanı açıklayamamış. Biz de henüz tatmin edici bir sonuca ulaşamadık.

Soğutulunca tüm maddeler büzülür. Fakat su da bunun tam tersi bir durum ortaya çıkıyor. Su soğutulunca genişliyor. Bu da suyun tam anlamıyla çözemediğimiz başka bir gizemi olarak karşımızda duruyor.

Bilim insanları gözenek ve kılcal damarlarda suyun inanılmaz miktarda basınç oluşturabildiğini tespit ettiler. Örneğin bir tohumda filizlenme anında bu basınç inanılmaz boyutlara ulaşıyor. Bu nedenle bir bitki asfaltı kolaylıkla delebiliyor. Yani bunu bitkiye yaptırtan gücün aslında su olduğunu gördük. Üstelik su küçük bir molekülken bunu yaptırabiliyor o nazenin bitkiye. Suda bu özelliklerin olması çok özel bir durum. Çünkü sudaki bu özel durumların benzerlerine sahip başka bir molekül daha bulamadık. Eğer bu özel durumların bir tanesi dahi olmasaydı gezegenimizde hayat asla var olmazdı. Suyun her bir niteliği eşsiz… Ve bu nitelikler genel olarak kabul gören fizik yasalarına tam olarak uyum sağlamıyor. Bu da karşımızda çok ilginç bir durum olarak duruyor.

Neden tüm sıvılar arasında yüzey gerilimi en fazla olan sıvı sudur? Neden su dünyada ki en güçlü çözücüdür? Ve nasıl oluyor da su yerçekimine meydan okuyarak, onlarca atmosferlik basınca rağmen dev ağaçların gövdelerinden yukarılara, dallarına, yapraklarına yükselebiliyor? İşte bu soruların cevaplarını tam olarak bulabildiğimiz zaman epeyce yol almış olacağız."

Yemyeşil doğada, göl kenarında, ağaçlar arasında yaptıkları yürüyüş sırasında Tekin'in su hakkında yaptıkları araştırmalardan verdiği bilgiler oldukça ilginçti. Hulusi Bey içinden sessizce, *"Haberi olmadan kaderine doğru yol almış."* diye düşünmeden edemedi.

Aniden durdu. Tekin'e dönerek; "Dostum bir gün bana bir şey söylemişti. İyi düşün içindeki sırrı bul demişti. Yıllarca düşündüm, hâlâ da düşünüyorum. Senin konunla alakalı. Onun için sana bir sır vereceğim iyi dinle!" diyerek sözlerini devam ettirdi.

Suyun içinde; Zerre zerre ışık...

Zerre hayat kımıldar...

Bir sessizlik gizlidir...

Suda. Ak sıcaklık, ıssız yalnızlık, sessiz güvenlik...

Bu lafları günlerce düşün, içinde bir şey gizlidir. Bu sözler öyle laf olsun diye söylenmedi. Bu sözler binlerce yılın sırrı. Sana bir sır vermek istiyorum bu sözlerle. Ama sen bu sözlerin içinde bulmalısın o sırrı." diyerek sustu.

Tekin şaşırmıştı. Bu garip sözleri içinden, ezberlemek istercesine tekrar etti.

"Suyun içinde; Zerre zerre ışık... Zerre hayat kımıldar... Bir sessizlik gizlidir... Suda. Ak sıcaklık, ıssız yalnızlık, sessiz güvenlik..."

Sözlerin içinde bir sır vardı ama neydi? Adeta sözler içinde kaybolan Tekin, "Ben bu gölü çok severim. İstersen gel kıyısında biraz oturalım." diyen Hulusi Bey'in sesiyle düşüncelerinden sıyrıldı.

"Tabii ki çok hoş olur. Gölün manzarasına ben de bayılıyorum." diye cevap verdi. Ama aklı hâlâ o garip cümlelerdeydi.

Hulusi Bey göl kenarındaki bir ağacın dibine çimenlerin hemen yanına oturunca onu takiben Tekin de yanına oturdu. Gölün üzerindeki kayıklarda insanlar neşeli ve mutlu bir şekilde geziyorlardı. Uzun süre bu dinlendirici manzaraya baktılar.

Tekin hâlâ az önceki o garip cümleleri düşünüyordu. Bir süre sonra cebinden telefonunu çıkardı. Ekran kalemiyle az önceki cümleleri unuturum endişesiyle yazmaya başladı.

"Suyun içinde; Zerre zerre ışık...

Zerre hayat kımıldar...

Bir sessizlik gizlidir...

Suda; Ak sıcaklık, ıssız yalnızlık, sessiz güvenlik..."

Notunu tam yazıp kaydetmişken Hulusi Bey gülümseyerek Tekin'e baktı.

"Zannedersem az önceki sırları not alıyorsunuz. O halde kapatmadan size bir sır daha vereyim dostumdan. Onu da kaydetmek istersiniz. Bu uğraştığınız enerji işine faydalı olur."

Tekin, kalem elinde, merakla dinlemeye başladı. Hulusi Bey yine gözleri dalgın bir halde "Sana bir sır vereceğim iyi dinle." diyerek konuşmasını sürdürdü. Kelimeleri ağırca ve sakince söylüyordu.

"Denizin dalgalanmasının sebebi oksijen alıp sudaki oksijeni temin ve denizde yaşayanlara oksijen hazırlamaktır.

Dalgalanma deniz altında yoktur. Rüzgârın denizi dalgalandırması başkadır. Ama yine de denizin altında dalgalanma yoktur.

Bu görünmeyen laboratuvar. Bu laf üzerinde düşünmen icap eder."

Tekin duyduklarını hemen yazmaya başladı. Yazarken düşünüyordu. İçerisinde bir gizem olduğu kesindi. Söylenenleri yazıp kaydettikten sonra telefonunu cebine koydu.

Hulusi Bey bir süre gölün etkileyici manzarasına sessizce gülümseyerek baktı. Tekin ara sıra Hulusi Bey'e bakıyor rahatsız etmemek için bakışlarını hemen göle çeviriyordu.

Sonra Hulusi Bey, Tekin'e döndü.

"Sözleriniz zannedersem yarım kaldı. Su hakkında daha başka nasıl bilgilere ulaştınız? İnanın merak ediyorum. Su, benim hocamla tanıştıktan sonra ama daha çok dostumla tanıştıktan sonra çok aziz bildiğim, çok saygı duyduğum bir varlık. Dostumun su hakkında söylediklerinden sonra zaten başka türlü düşünülemezdi. Hocam bir gün, "Sana cennetten gelme yegâne cennet taamını göstereyim." dedi ve suyu gösterdi. İşte o gün, bugün su benim için kutsaldır.

Biraz daha su hakkındaki bulduğunuz bilgilerden bahsederseniz sevinirim. Ben de belki dostumun söylediklerinden bir şeyler fısıldarım size."

Kelimeler sanki Tekin'i alıp götürmüştü, uçsuz bucaksız diyarlara. Zaten füzyon laboratuvarını kurduğunda profesörler söylemişti.

"Suyu araştırdıkça ona âşık olmaktan başka çareniz kalmaz..."

"Demek dünyada görülebilecek tek cennet maddesi su," diye sessizce mırıldandı. Hulusi Bey'in dostu su hakkında neler demişti acaba? Merak tüm benliğini sardı. Anlatışına bakılırsa çok gizemli şeyler söylemiş olmalıydı.

"Tabii ki su hakkında epeyce bilgiye ulaştık." diyerek araştırmalarının sonuçlarını anlatmaya devam etti.

"Nefes alıp verdiğimizde aslında havadaki su kristallerini soluyoruz. Yani aslında haberimiz olmadan bir nevi suda yaşıyoruz. Mesela karlı bir havada nefes alıp verdiğimizde kar kristallerini soluyoruz. Suyun, katı hâli olan kar tanelerinin, elektron mikroskobuyla, fotoğrafını çektik. Çok küçük altıgen ve mükemmel şekilleri var. Her biri eşsiz mücevher tasarımlarından daha şahane... İki kar tanesinin, hiçbir zaman birbirine benzememesi çok ilginç bir durum olarak karşımızda duruyor.

Kendini kristalize edebilmesi için, her su molekülünde, bir milyardan fazla biyofoton denilen şeyler çalışıyor ve bunlar kendilerini sürekli olarak tekrar tekrar düzenliyorlar. Bu şekilde, her su molekülü, diğerlerinden farklı hale geliyor. Bu sayede her su molekülünün bir nevi kendi kimliği oluşuyor ve bunu asla kaybetmiyor."

Tekin'in anlattıklarını dikkatli bir şekilde dinleyen Hulusi Bey, *kader ne garip, yapacak olduğu iş için haberi olmadan O'nu hazırlamış. Suyu bu kadar araştırtmış,* diye içinden geçirdi. Kaderin ağları Hulusi Bey'in yüzünde hoş bir tebessüm bırakırken Tekin konuşmasına devam ediyordu.

"Su bir kayanın içerisinde donarsa o koskocaman kayayı çatlatır. Buhar olursa büyük bir gemiyi yürütür.

Dünyada sudan daha yumuşak ve teslimiyetçi olup aynı zamanda da sert ve güçlü olan şeyleri aşındırabilecek başka bir madde daha yoktur. Asla böyle bir madde bulamazsınız. Hiçbir şey suyu yenemez ama herkes onu ele geçirebilir. Ne kadar garip değil mi?" diyerek buruk bir gülüşle Hulusi Bey'in gözlerinin içine bakarak anlatmaya devam etti.

"Su, dünyada en çok bulunan maddedir ve hayatımızın her anında bizimle. Su nereden geldi? Bu hâlâ bir muamma. Şu anda dünyada bulunan su miktarı ile tam olarak her şeyin başladığı dünyanın ilk hâlindeki su miktarı aynıdır. Bu da çok garip bir gerçektir.

Su kadar temiz, su kadar yumuşak, su kadar uysal ama o kadar da kudretli bir şey yoktur. Sudan yumuşak, narin ve her bulunduğu yere uyum sağlayan başka hiçbir şey yoktur. Bununla beraber sertlik ve kuvvette ona üstün gelebilecek başka bir nesnede yoktur." dedi. Ardından biraz mahcup bir şekilde baktı.

"Aslında su hakkında tam anlatmak istediğim şeyleri anlatamıyorum. Çünkü onlar tam anlamıyla matematiksel sayılar. Mesela geçtiğimiz aylarda suyun içerisinde küçük enerji patlamaları şeklinde ışıklar elde ettik. Kısa bir süreliğini de olsa odayı aydınlattık ve geri kalan su epey ısındı. Geliştirmeye çalışıyoruz. Rakamlara dayalı daha değişik bilgiler de var. Hepsi rapor dosyalar hâlinde. Umarım bir gün laboratuvara gelirseniz hem onları gösteririm hem de çok değerli uzman profesörler, çok daha detaylı olarak bazı şeyleri anlatabilir." dedi.

Hulusi Bey gülümseyerek omzuna dokundu.

"Berhudar olunuz anlattıklarınız ufkumuzu açtı. İnşaallah bir gün oraya da ziyarete geliriz." dedi.

Tekrar göle doğru bakmaya başlamıştı. Gülümsüyordu. *Başka türlüsü zaten düşünülemezdi. Suyu bu kadar iyi anlamış olması lazımdı ki seçilen kişi olsun,* diye düşünmekten kendisini alamıyordu. Başını biraz öne doğru eğdi. Tam önlerindeki göl kıyısına gözlerini kenetlemiş gibiydi. Suyun küçük gelgitlerine bakıyordu.

Hulusi Bey oldukça buğulu bir sesle; "Size bir sır vereceğim iyi dinleyin." dedikten sonra kısa bir süre bekledi.

"Dostum demişti. İman sahibi olan, Allah ile Hz. Muhammed Mustafa (s.a.v) arasındadır. İnsan ile Allah arasında ise su vardır. Bu sözü asla ama asla unutma."

Tekin hayretler içerisinde kalmıştı. Bu sözü hiçbir yerde duymamış hiçbir kitapta okumamıştı. Hulusi Bey'in sessizce uzun süre gölün sularına bakmasını fırsat bilerek hemen duyduğu bu muhteşem sözleri telefonuna kaydetmeye başladı. Muhteşem bir bilgiydi. Artık tam anlamıyla belliydi. Duyduğu bu sözler Ledün deryasından incilerdi. Çünkü Tekin dini konularda da çok iyi bir eğitim almıştı. Yıllar içerisinde yaşadığı sırlı bir olaydan dolayı çok kitap okumuştu. Abdülkadir Geylani hazretlerinden, Muhyiddin-i Arabi hazretlerine, Şemsi Tebrizi'den, Sinan-i Ümmi hazretlerine, Niyaz-i Mısri hazretlerine kadar birçok değerli zatın kütüphanelerdeki neredeyse kimseler tarafından bilinmeyen eserlerine kadar okumuştu. Ama böyle bir sözü ne okumuştu ne de duymuştu.

Telefonuna sözleri kaydetmiş bakıyordu. Kısa süre sonra Hulusi Bey gözlerini odakladığı göl suyundan kaldırmadan konuşmasına devam etti. Sanki yazması için ona süre vermiş gibiydi.

"*Biz her şeyi sudan yarattık...*

Biz ona şah damarından daha yakınız...

Biz, size çok yakınız fakat bunu göremezsiniz...

Cennet altından ırmaklar akar...

Biz semadan mübarek su indirdik...

Söylediklerimin her biri, birer Kur'an ayeti. Bunlarla seni bir şeyi düşünmeye sevk ediyorum. Düşün ve bul." diyerek kısa bir süre sustu.

Bu sözlerden sonra Tekin için göl kenarındaki bu sohbet bambaşka bir hâl almıştı. Dikkatlice dinliyordu. Ama bir cümle beynini allak bullak etmişti.

Hulusi Bey kısa süre sonra tekrar o buğulu sesiyle konuşmaya başladı.

"Yer, yer değilken; *Su*, su idi. Toprak yoktu. Güneş yoktu. Ay yoktu. Daha henüz yıldızlar bile yoktu. Aydınlık yoktu. Yalnız bir su vardı. Allah bütün boşluğu ve eserlerini kendi varlığı ile doldurdu. Allah'ın yarattıklarının başında gelir *Su*. Allah, *Su*'yu aziz kılmıştır. Ve sevmiştir *Su*'yu.

Allah'ın, Celal ve Cemal sıfatının aksettiği ayna *Su*'dur. Allah'ın bütün Esmaları *Su*'dan geçer.

Allah'ın ilk yarattığı şey ve insan aklına dökülebilen *Su*'dur. Allah, *Su*'yu nasıl yarattığını ve neden yarattığını bildirmemiştir. Bu bildirmemesinde büyük bir sır gizlidir. O sır da *Su*'da gizlidir.

Su görünmez, hava olur. Hava görünür, *Su* olur. Bu görünür ve görünmezin arasında insan gizlidir."

Bu sözler, bu verilen bilgeler muhteşemdi. Ledün ilminden çıkan bu bilgiler Tekin'i mest etmişti. Daha önce hiçbir yerde duymamıştı. Hâlbuki su hakkında derin araştırmalar yapan nadir şirketlerden birisinin sahibiydi. Aklı, bilgilerden kaynaklı tatlı bir sarhoşluk yaşıyor gibiydi. Bu da yüzüne garip bir ifade olarak yansımıştı.

Hulusi Bey bakışlarını gölden çevirip gözlerine baktığında hâlâ o garip gülümseyişini değiştirememişti. Oysa Hulusi Bey gayet ciddi bakıyordu. Sesinde bu sefer farklı bir tını vardı.

"Her meydana çıkıp zuhur eden şeyin aslı, sırrı, gücü, kudreti o zuhur eden şeyin içinde kalandır." dedi. Sessizce bakışıyorlardı.

"Yaz bu sözü. Dostumdan sana armağan olsun. Ama ne olur iyi düşün bu sözü. Ne demek istediğini ve sırrını bul. Her şey bunda!"

Tekin bu sözler karşısında hemen cebinden telefonunu çıkartarak yazmaya başladı. Aklı delicesini cümleleri düşünüyordu.

Her meydana çıkıp zuhur eden şeyin aslı, sırrı, gücü, kudreti o zuhur eden şeyin içinde kalandır.

Bu sözler muhteşem ötesiydi. Bu söz Hulusi Bey'in söylediği diğer sırlarla birleşince muhteşem bir gerçeğin ışığı görünüyordu. Henüz yazmayı bitirmeden Hulusi Bey oturduğu yerden yavaşça kalktı. Yürümeye başladı. Tekin aceleyle yazıp kaydetti. Telefonu cebine koyup hemen kalktı. Yürüyüş yoluna doğru çıkmakta olan Hulusi Bey'e hızlı adımlarla yetişti.

"Kusura bakma faytonu görünce yerimde duramadım. Hemen yetişeyim diye kalktım. Şu faytona binelim mi? Biraz da onlarla dolaşalım. Ben her gelişimde mutlaka binerim. Hem faytonlar memleketimi hatırlatır bana,"

"Tabii ki, siz nasıl isterseniz." diye cevap verse de aklı o garip cümlelerdeydi.

Hemen az ileride bekleyen faytona bindiler. Faytoncu onların binmesiyle hareket etti. Beyaz, iki atın çektiği nostaljik araba içerisinde yemyeşil bir doğada dolaşmaya başladılar. Hulusi Bey etrafa neşeyle bakıyordu. Bir çocuk sevinci vardı hareketlerinde, çok neşeliydi. Tekin telefonuna kaydettiği son cümleleri düşünüyordu. Kelimeler arasında kaybolmuş gibiydi. Ama sözlerin verdiği haz muhteşemdi. Düşünmesi bile keyif vermişti.

Hulusi Bey dışarıya bakarken bir süre sonra hafifçe başını çevirip Tekin'e baktı.

"Niyaz-i Mısri hazretlerine olan ilginiz nereden kaynaklanıyor? Bu denli uğraşmanız için anlattığınızın ötesinde özel bir durum var mı?" diye sordu.

Tekin biraz duraksadı. Ne diyeceğini bilemedi bir anda. Genelde çok özel sırlarını hayatının mahrem noktasını teşkil eden ana hatları kimseye ama hiç kimseye anlatmazdı. Kısa süre sonra cevap verdi.

"Ben küçüklüğümden beri Hızır aleyhisselamı hep merak etmişimdir. Buna sebep yaşadığım bir olaydı. Onu ilk öğrendiğim günden itibaren içimde hep yeniden karşılaşma, tanışma arzusu vardı. Çok aradım. Çok araştırdım. Bu yolda çok kitap okudum. Bu sayede çok büyük zatlarla da tanıştım. Çok büyük evliyaullahın kitapları arasında günlerce kayboldum.

Bu araştırmalarım sırasında Muhyiddin-i Arabi, Niyaz-i Mısri ve Emir Sultan hazretlerinin hayatları beni çok etkiledi. Onları diyar diyar gezdiren rüyalarıydı. Hayatlarına bir rüya yön vermişti. Araştırdıkça daha da sevdim. Bir şeyler çekti derine. Tabii bazı sırlı olaylar yaşadım hani nasıl desem, onların yaşadıkları çevrelerde olsun, rüyalarda olsun. Malum sonrasında da araştırdım araştırdıkça da ortaya çıkan gizemler sarıp sarmaladı."

Tekin konuşurken önceki konuşmalarında olduğu gibi rahat değildi. Sanki anlatıp anlatmamak arasında gidip geliyordu. Zaten konuşma sırasında *bazı sırlı olaylar yaşadım ve sonrasında araştırdım,* dediği için bir kısım şeyleri anlatmadan üzeri kapalı geçtiğini Hulusi Bey anlamıştı.

"Anlıyorum." diyerek başını salladı.

Fayton, Central Park'ta atların ayak sesleri, garip zil sesleri eşliğinde turuna devam ederken Hulusi Bey neşeyle etrafa bakıyordu. Tekin duyduğu gizemli bilgelere bir anlam vermeye çalışıyor, sırlarını bulmaya gayret ediyordu. Düşünceler içerisindeyken nedense içindeki yükselen merak duygusunu fazla bastıramadı. Bir anda soruverdi.

"Hulusi Bey zannedersem hocanız Hızır aleyhisselam ile görüşmüş. Hakan söylemişti dostunuz da Hızır aleyhisselam ile görüşmüş. Küçüklüğümden beri Hızır aleyhisselamı arar dururum ben. Buna sebep yaşadığım bir hadise…

Tabii uzun süre uğraşıp bir daha bulamayınca bıraktım. Ama içimde hep bir ümittir yaşar durur o sevdam.

Hakan bir gece yarısı telefon açıp, 'Hulusi Abi'nin hocası da, dostu da Hızır aleyhisselam ile görüşmüş.' deyince garip oldum. Çok sevindim. Ama şaşırmadım da. Bu müthiş bilgiler başka türlü açıklanamazdı. Yanlış anlamazsanız rica etsem o konulardan biraz bahsedebilir misiniz? Hocanızdan, Hızır aleyhisselam ile karşılaşmasından…"

Hulusi Bey bu sözlerden sonra bir süre sessizce Tekin'in yüzüne baktı. Sonra nedense hiçbir şey demeden başını çevirdi. Faytondan dışarıya bakıyordu. Tekin çok utandı.

Ah çenemi tutamadım. Sormamam gerekirdi dayanamadım sordum. Kızdırdım galiba. İyi ki siz de görüşüyor musunuz diye sormadım. İçten içe kendisine kızıyordu. Ellerini sıkıyor, dudaklarını ısırıyordu. Tam cesaret edip, özür dileyecekti ki Hulusi Bey konuşmaya başladı.

"Hocam celalli bir zattı. Balkan Harbi'ne, Birinci Dünya Savaşı'na ve İstiklal Savaşı'mıza katılmış. Vatan için mücadele etmiş. Ben âlimim cephede ne işim var dememiş. Ne olduysa cephede olmuş.

'Ölmem gerekirken ölmedim. Yaralarımdan kanlar akarken yanı başımda tüm vatan evlatları şehitlik şerbetini içerken ölmedim ama susuzluktan yakıcı çölde çok kıvrandım. Sonra O'nu bir atla bana doğru koşarken gördüm. Bana su içirdi. Ama ömrü hayatımda öyle bir suyu ne içtim ne de tattım. Buz gibi bir su idi. Beni oradan nasıl olduğunu anlamadan götürdü, bir anda o savaş meydanından inanılmaz uzak bir mesafeye. Ziyaretine geleceğim artık diye bırakıp gitti. Sonraları da dediğini yaptı ziyaretime geldi. O'nun gelişlerinden hep utandım ben kimim ki ziyaret ediyor.' diyerek karşılaşmasını anlatmıştı hocam bana."

Fayton Central Park içerisinde turuna devam ederken Hulusi Bey'in anlattıklarını dinleyen Tekin heyecanlıydı. Bu tanımlamalar yıllardır karşılaşanların anlattıklarıyla uyumluydu. Hulusi Bey faytonun geçtiği yollarda yeşilliklere, ağaçlara bakıyor gibiydi. Kısa süren sessizliğin ardından o hoş buğulu sesi tekrar duyuldu.

"Dostum ise ben onu dost olarak seçtiğim ve dostum dediğim için benim dostumdu. Onu duyduğumda ben İstanbul'daydım. Hocam söyledi onu. 'O da doktor. Git ilminden faydalan.' dediğinde yola çıktım. Camide vaazını dinlediğim anda anladım, ondaki başkalığı. Hocamın ilmi gibiydi. Anlattıkları Ledün kokuyordu. Çok başarılı bir doktordu. Zaten adını daha önceden kopan bacağı başarılı bir ameliyatla yerine diktiğinde duymuştum. Camide onu vaaz kürsüsünde görünce tanıdım. Anlattıkları başka âlemin sözleri gibiydi. Dinledikçe mest oldum. O Doktor Münir Derman idi. Kalbime merhem oldu. Ben de onu dostum seçtim, dostum dedim. Peşinden, izinden ayrılmadım. Araya okyanus girse de ayrılmadım."

Hulusi Bey son kelimeleri söylerken fena olmuştu. Dışarıya baktığı için Tekin yüzünü görmüyordu. Cebinden mendilini çıkarıp gözlerini silince anlamıştı. Faytonun çıkardığı sesler ve kuş cıvıltıları arasında bir süre konuşmadan sessizce seyahatleri devam etti.

Tekin, bir şey söyleyip söylememek arasında tereddütte kalmış iken Hulusi Bey tekrar anlatmaya başladı. Hâlâ faytondan dışarıya bakıyordu.

"Dostum, on üç yıldır kırklardanım dediğinde henüz kırk dört yaşındaydı. Kırkların yedincisi ve en gençiydi.

Mütevazı, küçük bir kasabada, gayet temiz ve şirin bir evde otururdu. Gündüzleri hastalarla uğraşırdı, manevi ve ruhi tarafını takviye için.

Karakteri, küçüklüğünden beri kıymetli annelerinin telkin ve öğretimiyle Allah emirlerini, insan olmak şükrünü harfiyen yerine getirmek arzu ve hevesiyle akademik bir ilim gözü ile taassup denecek derecede düzgün ve sarsılmaz bir haldeydi. Ruhiyat tahsili ve doktor olması, bu düşünce ve inanma kabiliyetini sarsmadı hatta manevi tarafını takviyeye hizmet etti. Bu durum kendisine her türlü hurafe ile karışık din bilgilerinin üstünde, bir inanma zevki ve kabiliyeti verdi. Bu lütuftan dolayı fevkalade memnun ve huzur içerisindeydi.

Hayatta çok maddi sıkıntılara, aylar ve yıllarca duçar oldu. Fakat bunlar ruhiyatı üzerine tesir değil, küçük bir leke, bir toz bile konduramadılar. Bundan dolayı büyük ve tatlı bir şükür, tarif edilmez bir huzur, sarsılmaz bir inanış içinde işi ile meşgul oldu. Bu hasletlerin muhassalası üzüntü vermeyen, bunaltı hissettirmeden bir sabır mecmuası hâline getirmişti dostumu. Bu basit görünen hasletlere insanı kavuşturan yolların, tatlı çilelerin hikâyeleridir bunlar diye anlatmıştı o gün yaşadıklarını bana.

Bana anlatmıştı bende aynen dostumun ağzından, o anlatıyormuş gibi anlatayım sana.

Çünkü bazı şeyler ancak böyle doğru şekilde anlatılabilir."

Yemyeşil doğada, ağaçların, çimenlerin arasındaki yolda ağırca ilerleyen faytondan dışarıya bakmaya başladı. Gökyüzünün maviliğine dalmış gibiydi Hulusi Bey. Gözlerini baktığı noktadan ayırmadan konuşmaya devam etti.

"Günlerden bir yaz günüydü. Kazadan ayrılmış tek başıma kırlarda dolaşıyordum. O mıntıkada çok bulunduğum için beni herkes tanır hürmet eder ve çok severdi. Ben de onları severdim.

Çoban köpekleri bile tanırdı, kuyruklarını beni gördükleri zaman sallar yanıma gelirlerdi. Ben hayvanları çok severim zaten. Onlara ara sıra ekmek de götürürdüm. Çok eski devirlerde yaşamış olgun, en faziletli canlının köpek olduğunu söyler. Bir dilim ekmeğe hayatı boyunca sadakat. Kolay iş değil. İnsan fazileti kedininki gibidir. Menfaatine dokundu mu elinizi tırmıklar. Birden bire karşıma o mıntıkanın yabancısı olduğu elbisesinden, yüzünden, her türlü hareketinden belli, yaşlı beyaz sakallı başında yeşil bir sarık bir adam çıktı. Bana doğru eğildi.

'Doktor Bey!' diyerek selam verdi.

Sağ omuzumu öptü. Tarif edilmez güzel bir koku içinde yıkanmış gibiydi. Gözleri siyah zeytin gibi parlak, insanın görmediği yerleri gören bir bakışı, insana huzur ve emniyet veren, bir tavrı vardı.

'Doktor bey oğlum, yolumu şaşırdım. Bana… Köyü yolunu gösterir misin?' dedi.

O köy bulunduğumuz yerden azami bir buçuk kilometre yokuşta idi.

'Ben sizi oraya kadar götürürüm.' dedim yürümeye başladık.

Havanın güzelliğinden, tarlaların bereketinden, göğün temiz maviliğinden bahsediyordu. On dakika ancak yürümüştük. Etrafıma baktım bulunduğumuz mıntıka değişmişti. Belli etmeden hayret içinde kaldım. Karış karış bildiğim bu yerler, tanımadığım bambaşka bir mıntıka idi. Gök aynı, güneş aynı, ihtiyar aynı, ben aynı… Fakat mekân ve yer o yer değildi. İçimden annemden öğrendiğim birçok yardım ve istimdat ayetlerini okumaya başladım. Korkmuştum fakat belli etmiyordum.

Birdenbire; 'Oğlum doktor bey, merak etme, hayret etme, korkma... Ben zaten senin bütün bu hâllerini senden gidermek, korkunu kaldırmak için vazifeliyim.' dedi.

İsmini söyledi. Söylememe izin vermedi. Mekânı bildirdi, tarif ve isimlendirmeme müsaade etmedi. Nereye götüreceğini anlattı, kimseye bildirmeme aman vermedi. Tepeyi aştık tatlı bir meyil ile yeşil bir vadiye doğru iniyorduk. Bir göl kenarına geldik. Göl uzun bir kilometre kadar dar ve suyu tatlıydı. Gölü nasıl oldu bilmiyorum yürüyerek, su üzerinde geçtik hayret içindeydim ayaklarım suya batmıyordu. Su üstünde iz bırakmıyordu. Zaten ayak izleri su kenarına kadar varır sonra o da kaybolur. Tatlı bir huzur içindeydim. Karşı sahile çıktık. Biraz gittik. Kesif, yemyeşil ağaçlık bir yere dâhil olduk.

Orada yüzlerce kişi oturmuş beni götüren zatın aynısı gibi zatlar. İçlerinde hiçbirine benzemeyen her tarafından nur ve emniyet veren insan içine yayıldıkça insanı hafifleten bir koku yayılıyordu. Bana ikram ettiler...

Oradakileri anlatmama izin verilmedi. Gördüklerimi söylememek için yemin ettirdiler. Bana, ben sormadan birçok şey öğrettiler. Öğrettiklerini değil de anlattıklarını anlatacağım. Bunda hilâf yoktur. Hepsi hakikattir...

Suyu tatlı gölün öte tarafındaki meclisten ve yerden ayrıldıktan sonra gölü bana aynı zat geçirtti. Yokuşu çıktık. Tanımadığım o mekânda, geldiğimiz yerleri aynen görerek yürüdük.

İhtiyar durdu. 'Oğlum artık ayrılacağız.' dedi.

'Sen uzun senelerden beri mideni boş bıraktın. Buna da sebep midendeki hastalıktır. Bir de çocukluğundan beri aldığın terbiye ve teneffüs ettiğin temiz havanın şükrüne bağlı olman ve bunu hiç unutmamandır.

Mideyi boş bırakmak, hikmet ve manevi âlem hazinelerinin kilididir. Bâtın gönül pınarları, açlık ve oruç bereketi ile fışkırır. Bununla herkesin aynada gördüklerinden daha fazlasını bir tuğla parçasında görebilirsin.

Biraz evvel meclislerine götürdüğüm yerlerde gördüklerin, birisi hariç, yük çeken develer gibidirler. Ağır yükler çekmiş, çok sıkıntılı yollar çiğnemişlerdir. Sayısız konaklar ve merhaleler aşmışlar. Ağır yükün altında adım atmış, az yemiş, dar boğazlı olmuş zayıflamışlardır. Bugün Ramazandır. Sen oruç tutuyorsun. Gördüğün yerde sana ikram ettiler. Yemedin, verdiklerini yanına aldın. Akşam onunla iftar edersin.' dedi.

Gözlerimi öptü. Göğsümü mesh etti. Tekrar sağ omzumdan öptü. Arkana bakmadan yürü oğlum diyerek benden ayrıldı.

Ben yürümeye başladım, küçük bir yokuş çıkıyordum. Tepeye vardım. Tekrar yürüyordum. Bir aralık, yol üstünde bir karınca yığını gördüm. Merakla eğilerek onlara baktım. Yuvaları başında toplanmışlardı. Biraz o çalışkan ve mübarek hayvanları seyrettim.

Ortalık kararıyordu. Saatime baktım akşama kırk beş dakika vardı. Semti meçhule doğru yürüyordum. Yalnız kasabama eski yerimde olsaydım, şimale doğru yürümem icap ediyordu. Ben de tanımadığım mekânda şimale doğru yürümeye başladım. Tekrar saate baktım. On beş dakika vardı iftara. Yorulmuştum da. Yolun sağ tarafına oturdum. Biraz dinleneyim dedim, ne yapacağımı da şaşırmıştım. Bir, iki dakika geçmişti ön tarafta iki kişi belirdi.

'Merhaba doktor bey!' dediler.

Bunlar kasaba köylülerindendi. Kendilerini tanıdım.

'Yoruldunuz mu nereden geliyorsunuz?' dediler.

'Aşağıya iniyorum biraz gezmiştim...' dedim.

Yoluma devam ettim. İftar olmuştu. Allah'ı anarak ikram ettikleri gıdalarla iftar ettim. İçime bir ferahlık, vücuduma bir şey yayılır gibi oldu. Tarif edemiyorum.

Biraz sonra tanımadığım mekân değişmeye ve tanınmaya başladı. Kasabaya yanaşmıştım. Eve geldim. Ailem ve annem 'Neredeydin?' dediler. Merak etmişler...

'Biraz kırlarda dolaşıyordum.' dedim.

Annem, 'Oğlum saat on birde evden çıktın, şimdi saat akşamın yedisi.' dedi.

'Yüzün niçin solgun? Yine midene ağrı mı girdi?'

Sedire uzandım. Bana dokunmadılar. Annem alnımı okşuyordu, ailem ise ayakucumdaydı. Sahur oldu dediler. Bu hakiki macerayı anneme ve aileme anlattım. Ailem hayret etti. Annem güldü.

'Bak ne güzel yemekler hazırladım sahura...' diye söyledi.

'Yarın gece Kadir Gecesi oğlum. Mübarek Ramazan da çıkıyor bir daha ya kısmet.' dedi ve bu hadise böylece kapandı.

Hafızamda dün gibi yakın ve gündüz gibi aydın duran o hadiseyi ve orada bana anlatılanları anlatacağım.

Bu anlatmada sizi adeta sisli bir hava içinde gezdireceğim. Çünkü buna mecburum ve böyle kapalı anlatmaya da söz vermiştim.' diyerek o muhteşem olayı yıllarca sonra bana aynen bu şekilde anlatmışlardı. Ben de hiç değiştirmeden aynen dostum anlatıyormuş gibi onun ağzından size anlattım." dedi.

Hulusi Bey son cümlelerinden sonra hemen başını dışarıya çevirdi. Ağaçlara, yemyeşil manzaraya, yeşil çimenlere bakıyor gibiydi. Cebinden mendilini çıkardı. Herhalde gözlerini siliyordu.

Uzun süren bir sessizlik oldu. Tekin bir şeyler söylemek istiyordu ama bu anlatılanların üzerine ne denebilirdi ki? Bir süre sonra Hulusi Bey dışarıya bakarak konuşunca Tekin de dikkatle dinlemeye başladı.

"Ben çok değerli zatlardan dersler aldım. Çok vaaz dinledim. Ama dostum gibi vaaz vereni asla görmedim. Hocam ve dostum bambaşka zatlardı. Niyaz-i Mısri hazretleri gibi büyük zatların bu çilelerle, ilim dolu yıllarla, riyazetlerle elde ettikleri şeyleri insanlara onların anlayacağı dille anlatırlardı. Garip ve anlaşılmaz gibi görünen meseleleri tereyağından kıl çeker gibi anlatırlardı."

Tekin bu söze canı gönülden katıldığını belirtti.

"Kesinlikle haklısınız ben asla bu şekilde bilgiler veren birisine rastlamadım."

Bir süre daha sessizce etrafı izleyerek faytonla gezmeye devam ettiler. Aslında Tekin'in sormak istediği çok şey vardı. Ama soramıyordu. Hem yeni tanışmış olmanın getirdiği bir sıkıntı vardı üzerinde hem de soracağı konu ve kişiler hakkında Hulusi Bey'in diğer arkadaşlarına yaptığı keskin uyarıyı biliyordu. İşte bunun için soramıyordu. Hem Hulusi Bey daha yeni tanışmış olmalarına rağmen incelik gösterip bu hoş cuma gününde nazikçe sabah kahvaltısına davet etmişti. Hem de diğerlerine anlatmadığı kadar bilgi vermişti hocasından ve dostundan bu sabah.

Sorular sorarak edepsizlik etmemeliyim, diye düşündü.

Tekin, içten içe kendisiyle konuştuğu, Hulusi Bey de sessizce etrafa baktığı için sessizlik içinde uzun bir süre daha fayton gezisi devam etti.

Hulusi Bey, "Faytoncu lütfen hemen sağda duralım." deyince Tekin daldığı düşüncelerden sıyrıldı. Etrafa bakındı. Faytoncu hemen sağa doğru yanaşıp durdu.

"Şurada, az ilerde çok hoş bir restoran var. Orada şöyle güzel bir kahvaltı yapalım Tekin ne dersin?"

"Siz bilirsiniz. Evet, güzel yerdir. Pazar günleri genelde gelirim zaten,"

Hulusi Bey'in bahsettiği restoran, Central Park'ın meşhur restoranı Loeb idi. Kısa bir yürüyüş sonrasında vardıkları restorandan içeriye girdiler. Oldukça hoş tasarlanmış insanın içini ısıtan bir mekândı. Bal, zeytin, peynir, yumurta ve domatesten oluşan bir kahvaltı sipariş ettiler. Tabii vazgeçilmez çay ile birlikte.

Hulusi Bey garsona, "Lütfen çay fincanda olmasın küçük cam bardakta rica edeyim çayımı." diye belirtti.

Garson siparişleri alıp ayrılınca; "Nedendir hâlâ bulamadım? Çayı çok severim. Ama aynı çaydanlıktan bile olsa fincandan çay içerken cam bardaktaki içtiğim çayın tadını, zevkini alamıyorum. Böyle garip bir durumum var." dedi.

"Çay tiryakilerinin her zaman muzdarip olduğu bir durumdur. Merak etmeyiniz size özel bir gariplik değil. Fincandan zevk alan, aynı tadı cam bardaktan çay içerken alamaz. Cam bardaktan içen de fincandaki çaydan aynı lezzeti alamaz. Bunun sebebi ise sudur." dedi Tekin, gülümseyerek.

Kahvaltı tabakları ve çaylar garsonlar tarafından servis edilirken Hulusi Bey sordu.

"Rica etsem o farkı su nasıl sağlıyor, benim gibi bir tiryakiye anlatabilir misiniz?"

Tekin, "Tabii ki!" diyerek anlatmaya başladı.

"Gümüş bir kaptan içtiğimiz su ile toprak kaptan içtiğimiz su, hele de plastik kaptan içtiğimiz su birbirinden farklı tat verir bize. İnce belli bardaktan içtiğimiz çay ile porselen fincandan içilen çayın aynı olmaması gibi…

Çay tiryakileri bu farkı ayırt ederler her nedense. Hepsinin molekül yapısına baktığımızda, kimya bilimi bize aralarında bir fark olmadığını söylüyorken, bizim değişik algılamamızın sebebi nedir?

Bunlar arasındaki farklı tat almamızı sağlayan şey suyun her şeye tepki vermesidir. Kimyasal olarak su yine sudur ama içinde bir şey değişir. Titreşimi değişir. İşte bu farkı, fark eden bilgi, kimya biliminde değildir. Geçmişin simya dediği şimdilerde Kuantum fiziği denilen bilimdedir. Kuantum Fiziği suyun tadındaki bu farklı algılamayı az da olsa açıklar. Nasıl mı?

Su, bilgiyi kaydeder ve kaydettikçe yeni nitelikler kazanır. Ama kimyasal bileşimi değişmez, titreşimi değişir. Kimya bilimi suyun moleküllerine ve taşıdığı elementlere bakar. Oysa Kuantum Fiziği suyun sadece moleküllerine değil, yapısına ve taşıdığı titreşime bakar. Su bir fincanın içerisindeyken ayrı bir titreşimdedir. İnce belli bir bardakta daha ayrı bir titreşimdedir. Bunun için çay tiryakileri her ikisi arasındaki farkı tat olarak algılarlar." diyerek ayrıntılı şekilde olayı anlatarak sustu.

Çayına şekerleri atarak karıştırırken; "Evet, karşımızda yine suyun bir azizliği." diye karşılık verdi Hulusi Bey.

Kahvaltılarını yaparken ara ara sohbetleri de devam etti. Garsonların masadan tabakları almasıyla birlikte kahvaltı faslı sona ermiş gibiydi.

Hulusi Bey "Birer çay daha içer miyiz?" diye sordu

"Hay, hay neden olmasın."

Hulusi Bey bir süre sonra sohbet ilerlerken ceketinin cebinden orta boy, ince bir defter çıkardı. Bu küçük not defteri gibi bir şeydi. İçerisinden eski bir fotoğraf çıkarıp masanın ortasına koydu. Fotoğrafı, Tekin'e doğru çevirdi. Tüm dikkatiyle Tekin'in gözlerine odaklanmıştı. Nasıl tepki vereceğini yakalamaya çalışıyor gibiydi. Fotoğrafın üzerindeki elini yavaşça çekerken, "Çok sevgili hocam," dedi.

O an zaman durması neymiş tam manasıyla anlamıştı Tekin. Çayı içmek için bardağı dudaklarına değdirmişti. Ne içebildi ne de masaya geri koyabildi. Resme öylece bakakaldı. Kulakları uğulduyordu. Gözleri irileşmişti. Kalbi delicesine atmaya başlamıştı. Zor nefes alıyormuş gibi bir hâli vardı. Göğsü inip çıkıyordu. Nefes alışındaki zorluğu Hulusi Bey masanın karşısında çok rahat anlamıştı. Derin ve uzun bir sessizlik oldu. Nedense çok uzun zaman sonra Tekin gözlerini fotoğraftan kaldırıp baktığında, Hulusi Bey babacan bir tavırla, gülümsedi.

"Tamam, konuşma, bir şey deme, demen de gerekmez. Anlamıştım zaten..." diyerek masadan fotoğrafı aldı. Resmi büyük bir saygıyla defterin arasına ihtimamla yerleştirdi. Nazikçe defteri ceketinin iç cebine koydu.

Konuşmuyorlar sadece bakışıyorlardı.

Hulusi Bey, bir süre sonra garsonu çağırarak çayları tazelemesini istedi. Tekin'in önceki çayı henüz yarıya bile gelmemişti. Olayın şokuyla çayını dahi içemeyip dona kalmıştı Tekin. Onun için çayları tazeletiyordu.

Hâlâ şoktaydı. Kalbinin çarpıntısı geçmek bilmediği gibi kulaklarında adeta bir şelale sesi vardı. Hiçbir şey duymuyordu. Masaya garson gelmişti Hulusi Bey'le konuşmuşlardı sonra garson hemen önündeki çay bardağını alırken gülümseyerek bir şeyler demişti ama duymamıştı. Sadece bir uğultu... Yüzünden terler akmaya başladığı sırada Hulusi Bey, epey babacan bir tavırla sandalyeden kalkarak yanına geldi. Omzundan sarsınca oturduğu yerden manasızca başını kaldırarak baktı. Hulusi Bey biraz daha sarsınca sanki kulaklarındaki uğultu kesilir gibi oldu.

Lokantadaki diğer müşterilerin seslerini çok derinlerden gelen bir radyo cızırtısı gibi kulağına gelmeye başladığı sırada; "Oğlum, Tekin, hadi lavaboya git. Şöyle yüzünü bol suyla yıka. Hemen geri gel. Zira seninle çok mühim şeyler konuşmamız lazım." dedi.

Bu sözleri duyunca toparlanmaya çalıştı. Komutanından emir almış asker edasında hemen kalktı. Ama yine de zor nefes alıyor kalbinin delice atmasına engel olamıyordu. Lavaboya doğru yönelmişken Hulusi Bey'in sesini duydu.

"Yeni çaylarımız geliyor bak, acele et, bunları da soğutma."

Yürüyor muydu yoksa zemin ayaklarının altında kayıyor muydu hissetmiyordu. Hâlâ kulakları uğulduyordu. Lavaboya vardığında içeri zor adım attı. İki eliyle kahverengi mermere tutundu. Zor yutkunuyordu. Aynada kendisine manasızca baktı. Yüzü kıpkırmızıydı. Bir süre öyle, nedensiz, sebepsiz aynada kendisine baktı. Bir süre sonra ellerini yıkamak için iki adam içeriye girince zar zor toparlanma isteği duydu. Onların gülümsemelerine baş sallayarak ancak çok hafif tebessüm ederek karşılık verebildi.

İçlerinden birisi; "İyi misiniz? Yardım çağırayım mı? Pek iyi görünmüyorsunuz." dedi.

Garip, donuk ifadesini zar zor değiştirerek; "Hayır, hayır gerek yok iyiyim ben. Çok teşekkür ederim." diyerek cevap verdi.

Musluğu açtı. Yüzüne avuç avuç su serpti. Başını ıslattı. Saçlarını taradı. Yan taraftan havlu aldı. Ellerini, yüzünü kuruladı. Tüm bunları yaparken çok ağır davranıyordu. Beyni adeta zonkluyordu. Hâlâ aynada kendisine bakıyordu.

Seslice kendisiyle konuştu; "Hiçbir şey demek ki boş değil. Bir el her şeyi örüyor..."

Kendisini toparlamaya çalışsa da nafileydi. Sadece soğuk su hafif bir ferahlık vermişti. Lavabodan çıktı. Ağır adımlarla masaya döndü. Hulusi Bey dışarıya bakarak çay içiyordu. Geldiğini görünce gülümsedi. Tekin masanın diğer tarafına geçerek sandalyesine oturdu. Garsonun bıraktığı çay bardağının hemen önünde siyah renkli bir zarf gördü. Eski olduğu her hâlinden belliydi ama iyi muhafaza edildiği de belliydi.

Hulusi Bey mütebessim bir ifade ve o naif sesiyle; "Yıllarca herkesten sakladım. Kendimden bile. Açmadım. Yazan, kendisi kapatıp verdi. Zarfın içindeki mektup sana. Aç oku!" deyince, kalp çarpıntısı ile yüzüne vuran hissettiği bir sıcaklıkla ellerinin titremesine hâkim olamayarak zarfı saygıyla aldı. Nadide bir gülü tutuyormuş gibiydi. Zarfı zarar vermeden açmaya çalışıyor ama ellerinin titremesine de engel olamıyordu.

Yavaş ve ağır hareketlerle siyah zarfı açtı. İçinde beyaz bir kâğıt vardı. Çıkardı. Sessizce okumaya başladı.

Hâlâ kalbinin delicesine atmasına engel olamıyordu. Gömleği adeta terden sırılsıklam olmuş, ateş basmıştı. Okumakta olduğu mektup beynini durdurmuştu. Aklı, düşünceleri, hissiyatı karmakarışıktı. Mektubu okudukça hararet bastı. Dili damağı kavruldu. Zor yutkunuyordu. Yutkundukça da boğazının kuruluğunu hissediyordu. Mektubu okuyup bitirdiğinde ne yapacağını bilemedi. Elleri titremenin ötesine geçmiş şakırdıyordu. Çok zorlanarak ama ihtimam göstererek mektubu katlayıp zarfa ellerinin titremesine rağmen, zar zor koydu. Mani olamıyordu ellerinin titremesine. Ama çok sevinçliydi. Çok heyecanlanmıştı.

Ellerinin titremesini saklayamadığı gibi sevindiğini de saklayamıyordu. Adeta gözlerinin içi gülüyordu.

Hulusi Bey karşısında oturmuş sadece bakıyordu. Zira biliyordu müdahale etmemesi gerektiğini. Yıllar öncesinden tembihlenmişti.

Tekin garsona eliyle işaret etti.

Hemen masaya gelen garsona; "Su rica edeyim. Soğuk ve cam şişede olsun." dedi.

Garson anlayamamıştı. Zira Tekin'in sesini duyamamıştı. Çünkü sesi oldukça kısıldığı için garson duyamıyordu.

Eğilerek; "Tekrar edebilir misiniz efendim, siparişinizi anlayamadım?" dedi.

Tekin su istediğini ama cam şişede getirmesini tekrarladı.

"Tamam, efendim hemen getiriyorum. Yalnız, pek iyi değil gibisiniz isterseniz bir doktor çağıralım." dedi garson nazikçe.

Hulusi Bey gülümseyerek müdahale etti.

"Yok, gerek yok. Çok teşekkürler. Sadece muhteşem bir haber aldı kendisi. Heyecandan sesi kısıldı. Böyle durumlarda olur bu gibi şeyler. Merak etmeyiniz ben zaten doktorum. Gerekirse müdahale ederim." deyince garson gülümseyerek siparişleri getirmek üzere masadan ayrıldı.

Tekin ellerinin şakırdamasına mani olmaya çalışarak cebinden mendil çıkarıp gözlerini sildi. Dokunsalar ağlayacak gibiydi, içinde fırtınalar kopuyor, gözleri dolu dolu oluyordu. Dudaklarını ısırdı. Kızarmış gözlerini yavaşça yerden kaldırdı. Hulusi Bey'e baktı. Garip bir haldeydi.

Büyük bir edep ve saygıyla, kısılmış sesiyle konuşmaya başladı.

"Evet, hocam sizi dinliyorum. Buyurun!"

Restorandan dışarıya çıkmış, ağaçlarla, küçük göletlerle dolu parkta ağır adımlarla sessizce yürüyorlardı. Konuşmadan yapılan bu yürüyüş, neredeyse yarım saattir sürüyordu. Central Park'ın en büyük gölü olan Jacqueline Kennedy Onassis Reservoir'in hemen yanı başında, sağ taraflarında ağaçlar, yemyeşil çimenler, sol taraflarında huzur verici masmavi göl eşliğinde su kenarında yürüyorlardı. Hulusi Bey restorandan çıktıktan sonra bir tek söz dahi etmemiş, Tekin'in heyecanının geçmesini bekliyordu. Yıllardır, acaba nasıl olacak? O kim? diye kendisine sorduğu soruların hepsi nihayet cevaplanmıştı. Hem düşündüğü gibi zor da olmamıştı. Çünkü uzun zamandır yaptığı çeşitli araştırmalar ve yatırımları sayesinde Hulusi Bey'in anlatması ve açıklaması gereken şeyleri zaten Tekin kendisi bilimsel olarak bulmuştu.

Öncesinde zaten söylenmişti.

"Sen emanetçisin. Emaneti sahibine ilet."

Tek bir söz etmeden yürürlerken nedense hatıralar, hem de en acı hatıralar Hulusi Bey'in dimağında canlanıverdi. Dün gibi hatırlıyordu. Kendisine de bir mektup ulaşmıştı emanetlerle birlikte. Ağlamaktan gözleri kan çanağına dönmüştü o gün. Yüreğindeki acı dayanılmazdı. Mektuptan hemen sonra telefonla ulaşmaya çalışmış bir sokak telefonundan Türkiye'yi aramış, zar zor birisine ulaşmıştı. Söylenen şeye, içindeki hüzün yüzünden "Yalan, yalan!" diye bağırdığını hatırladı. Dayanamamış hemen havalimanına gitmişti. Uçak İstanbul'a iner inmez de dergâha koşmuştu. Yollar acıyı daha da katlamıştı. Utanmadan, ağlaya ağlaya yolları bitirememişti o gün. O dondurucu soğukta karlar altında Eyüp mezarlığında akşama kadar ağlamıştı.

Tekin'in toparlanmasını beklerken kendisi dağılmamalıydı. Hemen gözlerini sildi, göle bakmaya başladı. Bir müddet daha sessizce yürüdüler. Hulusi Bey birkaç adım öndeydi. Tekin, hemen arkadan geliyordu. Hulusi Bey birkaç defa yürüyüşünü yavaşlatarak Tekin'in kendisine yetişmesini yan yana yürümeyi istemişti. Ama Tekin de yavaşlayarak mesafeyi korumaya, arkadan yürümeye devam ediyordu.

Büyük gölün hemen yanı başında yaptıkları yürüyüş bir süre daha devam etti. Hulusi Bey göl boyunca sohbet edip bazı şeyleri anlatma niyetindeydi. Daha sonra bu büyük göle oranla daha küçük olan park içerisindeki *Harlem Gölü*'nün kenarında oturur esas meseleleri konuşurum, diye düşünüyordu. Ama Jacqueline Kennedy Onassis Göleti'nin kenarında yaptıkları bu yürüyüş uzunca bir süredir devam etmesine rağmen henüz tek kelime dahi konuşamamışlardı.

Hulusi Bey bir anda durdu. Arkasına dönünce Tekin'le göz göze geldiler. Tekin hemen gözlerini yere dikti.

Hulusi Bey gülümseyerek; "Hadi, yapma. Ne ben hocayım ne de sen benim talebemsin. Biz ayrı âlemlerin insanlarıyız. Ben sadece ulaşman gereken yere ve kişiye kadar sana kılavuzluk edecek, emanet edilen bilgileri sana aktaracağım o kadar. Biz seninle sadece dostuz. Yanımda yürü yine, sabah olduğu gibi." dedi.

Tekin hafifçe başını sallayarak yanına gelince ağırca yürümeye başladılar. Hulusi Bey, derin bir iç çekerek konuştu.

"Sana kendimden ekstra bir şeyler söylemem gereksiz. Zaten sen yaptığın araştırmalarla birçok şeyi bulmuşsun. Birçok olayın farkındasın. Kaderin zaten seni buraya kadar yoğurmuş. Ben vermem gereken emaneti vereceğim. Tabii vermem gereken kitaplar ve bilgiler de var. Gerisi..." diyerek dudak büküp sustu. Göle doğru bakıyordu.

Tekin hâlâ elinin titremesine engel olamıyordu. Aslında ruhu adeta kuş olup uçuyordu. Ayaklarını hissetmiyor, bedeninin ağırlığını dahi duymuyor gibiydi. Garip bir ruh hâlindeydi. Hulusi Bey'i dikkatle dinlemişti. "Gerisi..." deyip sustuğunda, *sonra ne olacak, gerisinde ne olacak* diye sormak istedi ama soramazdı. Önceden, saygıdan dolayı kızdırmamak için soramıyordu ama şimdi emir vardı.

Mektupta; "*...asla soru sorma, anlatılanlara eyvallah de. Sen bul sebeplerini. Bulamazsan, eyvallah de yine. Anlatılanların* *doğruluğuna* şeksiz, şüphesiz inan. *Vehim ve şüpheyi at. Vardır bir hikmeti de geç!*" diye bir cümle vardı. O yüzden soramadı.

Kısa süren sessizliğinin ardından Hulusi Bey konuşmaya başladı.

"Aslında sana gereken esas şeyleri söylemeden önce benim birçok şeyi anlatmam iktiza ederdi. Lakin geçen hafta cumartesi akşamı tanıştığımızda o gece anlattığın şeylerle zaten benim sana dini olarak vereceğim bilgileri fenni olarak elde ettiğini gördüm. Ama yine de ben üzerime düşen vazifeyi bi' hakkın yerine getirmek isterim. Onun için hocamın sözlerinden sana bir şeyler demek isterim. Bunları derken dostumun sözlerinden de yardım alarak bazı şeyleri sana aktarmalıyım en doğru şekliyle." diyerek sözlerini devam ettirdi.

"O akşam zaten sen de söylemiştin bana hocamın yıllarca önce anlattığı şeyi. Einstein, zaman ve mekân yoktur demişti. Senin de bildiğin gibi evet aslında zaman bildiğimiz manada yok. Ay'a bu hesapla gidildi. Televizyon, radyo ancak bu sayede bu hesaplamalarla bulundu. Bu hesaplamayla bunları bulan insan kafası, bugün milyonlarca kilometre uzaklarla konuşuyor, birbirini görüyor. Bunları insan icat etti. İnsanı da Allah yarattı.

O halde, falan veli bir anda filan yere gitti, filan yerde konuştu dedikleri zaman insanların bazıları gafletten kurtulup Allah'ın sistemini bile anlamaya çalışmıyorlar. Şüphe ve gafleti içlerinden atsalar o zat ile o zaman görüşüp, konuşup sohbet ederler. Bunu zaten sen rüyaların hakikatini çözerek anlamışsın."

Konuşurken elleri cebinde yol boyunca göle bakarak konuşmuştu. Tekin'e bakmıyordu. Tekin ise sadece önüne bakarak yürüyor, anlatılanları dinliyordu. Mektuptaki yazılan o muhteşem sözler beyninde dönüp duruyordu. Ellerinin titremesi azalmıştı. Üzerine biraz sakinlik gelmiş, kalbinin ritmi yavaşlamaya başlamıştı.

Hulusi Bey derin bir nefes aldı ve devam etti.

"Dostum demişti ki; *Ben ve melaikelerim Nebiye salavat getiriyoruz, siz de getirin.* Bu Kur'an ayetidir.

Salavat aslında, Makam-ı Mahmud'un yaratılışını tesbih etmek demektir. Bu yaratılışta kendini durmadan tesbih etmektedir. Kâinatta sükûn yoktur. Yıldızlarıyla, gezegenleriyle, bitkileriyle, hayvanlarıyla, madenleriyle, atomlarıyla bu tesbihat aklın ermediği hudutlara kadar devam etmektedir. Biz buna atom kaynaşması, elektron kaynaşması diyelim, ne dersek diyelim hepsi aynı kapıya gider.

'Bana salavat getirmeden duanız makamına erişmez.'

Bu peygamberimizin sözüdür, hadisi şerif yani. Resulullah'ın bu sözü nezaketen, bu ilahi tesbihata iştirak etmemizi arzuladığındandır.

Kur'an'da 'Ben ve melaikelerim salavat getiriyoruz. denmesi, benim bütün kudret tecellilerim bu tesbihatın içindedir siz de buna bilmeyerek iştirak ediyorsunuz fakat bilerek iştirakinizi istiyorum. Kudret ve güçlerimi anlayın ve onları kullanın.' diyor, Allah (c.c)"

Hulusi Bey durdu. Sol tarafa dönerek göle doğru bakmaya başladı. Tekin de hemen yanı başında anlatılanların, okuduğu mektubun tesirinde başka bir âlemdeymişçesine gölün suyuna baktı.

"İşte, dostum aslında salavatı şerifenin ne olduğunu böyle anlatmıştı bir camideki vaazında. Zannedersem okuduğun mektupta hocam da sana bir salavatı şerife göndermiş olmalı. Şimdi sende araştırmalarından biriyle bir eşiğe geldin ki vakit gelmiş oldu. Her şey bir vakte rehinlidir demişti mübarek hocam. Bir şeyin vakti saati gelince o işe memur kişi gerekenleri yapınca rehin salınır. Araştırmaların bir şeyin eşiğinde..."

Sözleri bitince yürümeye devam ettiler. Gölün sonuna doğru yaklaşmaya başladıklarında Hulusi Bey tekrar konuşmaya başladı.

"Salavat-i şerife çok mühim bir meseledir. İnsanlar bunu artık anlamaktan çok uzaklar. Sen o gece anlatmıştın. Aslında zaman diye bir şey yok. Sadece an var ve her şey o anda oldu ve de bitti. Yani senin anlatımınla yanı başımızda başka bir âlem var ve şu an orada İkinci Dünya Savaşı yaşanıyor. Bir başka âlemde Hz. Muhammed Mustafa (s.a.v) hicret etmekte. Senin tabirinle bir başka âlemlerin toplamı, dinin tabiriyle bu Dehr..."

Göl sona ermişti. Hulusi Bey başlangıçta planladığı gibi Jacqueline Kennedy Onassis Göleti'nden biraz ilerideki Harlem Göleti'ne doğru ilerliyordu. Şimdi yürüdükleri her yer tam anlamıyla yemyeşil bir doğaya bürünmüştü. Sağ taraf ağaçlar ve çimenlerle sol tarafta oldukça uzun çimenlik bir yolda ilerlerken Hulusi Bey anlatmaya devam ediyordu.

"Tayyi mekân için, uzaktan konuşmak için, keramet denilen fevkalade işleri göstermek için lazım olan salavat-ı şerifeler vardır. Ricali Gayb'ın, Hızır aleyhisselamın, Üçlerin, Yedilerin, Kırkların, Üç yüzlerin salavat-ı şerifeleri vardır. Kutbu Azamların evradı olan büyük evliyaların devamlı okudukları salavat-ı şerifeler vardır. Bunların her biri ayrı ayrı salavat-ı şerifelerdir.

Kişi eğer bir salavat-ı şerifeyi kendisine vird edinirse o salavat-ı şerifeyi vird edinen kişilerle görüşme yolunu da kendine açar ve görüşür.

Aynı şekilde Esma-i Hüsna'dan oluşan bazı özel zatların virdleri de vardır. Eğer bu virdleri de kişi bulup halis kalple okur ve vird edinirse aynı durum geçerlidir. Bu laf üzerine iyi düşünmen gerekir."

Aniden durdu.

"Telefonuna şimdi söyleyeceklerimi kaydet!" deyince, Tekin hemen cebinden telefonunu çıkartıp ekran kalemiyle yazmak için beklemeye başladı.

Hulusi Bey, tane tane, ağır ağır söylüyordu.

"Ya Hak, Ya Mübiyn, Ya Habiyr, Ya Hadi, Ya Hayyu, Ya Gayyumu, Ya Evvelü, Ya Ahiru, Ya Zahiru, Ya Batınu."

Tekin söylenenleri yazıp kaydedince Hulusi Bey; "Hızır aleyhisselamın virdidir. Her daim dilinden düşürme. Az önce söylediklerimi de düşünecek olursan ne dediğimi kavrayabilirsin." dedi gülümseyerek.

Tekin "Eyvallah!" diyerek telefona yazdıklarını kaydedip cebine koydu.

Hulusi Bey, bu kısa molanın ardından tekrar yavaşça yürümeye başladı. Bu esnada da anlatmaya devam ediyordu.

"Resulü Ekrem'in bizzat kendi nurlarına karşı yaptıkları salavatı şerife vardır. Resul'ün kendileri bu salavat-ı daima vird ederlerdi. Burayı iyi düşün. Bu sözü asla unutma. O zaman anlarsın aslında salavat-ı şerife getirmenin ne demek olduğunu. İyi düşün bu sözü; Resulu Ekrem bile devamlı, vird edindiği o salavatı şerifeyi okurdu…" diyerek sustu.

Bir süre sessizce yürüdüler. Hulusi Bey anlattıklarını kavraması için zaman veriyordu. Tekin düşüncelere dalmış önüne bakarak yürürken Hulusi Bey etrafa, özellikle ağaçlara bakarak yürüyordu.

Kısa bir süre sonra tekrar anlatmaya başladı Hulusi Bey.

"Bazı salavat-ı şerifelerin vakitleri vardır. Zamanları vardır. Gece ve gündüz vird edilecekler vardır. Her zaman vird edilenler vardır. Resulu Ekrem'in havzına girmek büyük manevi bir âlemdir. Hak cümleye nasip etsin."

Tekin kısılmış sesiyle "Âmin, ecmain." dedi.

Yürürken konuşmaya da devam ediyordu.

"Resullüğüne, Nebiliğine, Allah'ın habibi, Habibullah olmasına, peygamber olmasına ve ruhuna getirilecek ayrı ayrı salavat-ı şerifeler vardır. Bunlardan haberimiz olmadığı halde haberimizin olmadığının da farkında olmayan topluluktayız. Basit gibi görünen bildiğimiz salavat-ı şerifeyi bile devamlı vird etmekte tembellik eder gaflet içinde yaşar gideriz işte. Aslında her müminin her gün salavat-i şerife getirmesi elzemdir. Hâlbuki daha salavat-ı şerifeyi neden okumamız gerektiğini bile bilmiyoruz. Resulu Ekrem niye kendisine salavat okuyordu? Hem de devamlı bir virdle? Hiç düşünmezler."

Yemyeşil park içerisindeki uzun yürüyüş muhteşem bilgilerle sürerken az ileride Harlem Göleti görünmeye başlamıştı.

"Bu anlattıklarımı benden bilme. Bunları hocam bana özel olarak da anlatmadı. Bi' hakkın vazifesini yerine getirdi. Dostum ise camilerde vaazda umuma anlattı bunları. Ben sadece teyp gibi sana nakllediyorum. Zannedersem mektupta sana özel bir salavatı şerife vird olarak veriliyor. Ona ihtimam göster. Bir de zannedersem Esma-i Hüsna içerisinden bir isim belli bir sayı ile yine sana özel olarak vird veriliyor. Riayet et. Aman sakın ha bundan sonra namaz abdesti almamış olarak yani abdestsiz olarak bir an dahi bulunma. Namaz abdestin olmadan asla konuşma, yeme, içme. Aman sakın ha, sakın ayakta su içme! Mutlaka oturarak suyunu iç."

Göle yaklaşınca suyun kenarına doğru yürüdü. Susmuş gibiydi.

Anlattıklarını can kulağıyla dinleyen Tekin sessizlik olunca; "Tamam, efendim riayet ederim." diye cevap verdi.

Göl kenarına gelince durdu. Suya dalgın şekilde bakıyordu. Bakışları ciddiydi.

"Aman gözünü seveyim ne olur evinde yemek pişirirsen önce abdest al, gece yatmadan önce abdest al, abdest almadan lokma yeme, abdestsiz üzerine güneş doğmasın, her daim abdestli gez." diyerek tembih etti.

"Anladım efendim. Riayet ederim."

Harlem Gölü'nün kenarında ağırca yürümeye devam ettiler. Az ilerde yeşilliğin göle doğru sokulduğu gayet hoş bir köşeye doğru yürüyordu Hulusi Bey. Parkta en çok sevdiği yer orasıydı. Tam oraya geldiklerinde çimenlerin hemen yanına doğru yere oturdu.

Tekin de hemen yanına oturunca gözlerinin içine bakarak; "Bugün burada konuştuklarımızdan sonra, yarın birinci gün olmak üzere kırk gün oruç tutacaksın. Her gün yıkanacaksın. Sabah ve akşam namazları başta olmak üzere beş vakit namazını vaktinde kılacaksın. Ama özellikle sabah ve akşam namazını vaktinde kılacaksın. Tüm bunlarla birlikte yolda gelirken söylediğim gibi her daim namaz abdestin olacak. Abdestsiz yeme, içme, konuşma, gezme, uyuma. Bu kırk gün boyunca orucunda öyle sahurda ve iftarda tıka basa yemeyeceksin. Az yiyeceksin. Az su içeceksin. Bu dediklerimi bir gün hatta bir saat dahi kaçırırsan kaçıncı günde olursan ol tekrar başa döneceksin birden başlayacak yeniden kırk güne tamamlayacaksın. Kendini ve işlerini ona göre ayarla tüm bunlardan sonra Umre ziyareti için mübarek topraklara hareket edeceksin. Ama asla unutma tek bir şeyi atlarsan, unutursan ya da sabah veya akşam namazının vaktini kaçırırsan ertesi gün tekrar başlayıp yeniden kırk gün sayacaksın." dedi.

Tekin "Tamam efendim. Anladım." diyerek cevap verdi.

Çok garipti. Niye kırk gün bunu yapmalıydı? Hemen ardından mübarek topraklara Umre ziyareti için gidince ne olacaktı? Sorular tüm benliğini kavursa da bir şey soramadı.

Harlem Gölü ve etrafındaki yemyeşil doğa enfesti. Kelimenin tam anlamıyla müthiş bir yerdi. Şehrin, gökdelenlerin arasında küçük bir vaha gibiydi burası. Göle dalgın gözlerle bakan Hulusi Bey, bir anda başını çevirdi.

"Aman sakın ha bu kırk günlük orucunu tutarken herkesin Ramazan orucunda bile yaptığı hatayı sakın ha sakın yapmayasın! Orucu açarken herkesin yaptığı gibi ezan okunur okunmaz ya da ezanın hemen arkasından orucunu sakın açma. Zira vakit henüz girmemiş oluyor Kur'an'a göre."

Tekin saygıyla anlatılanları dinliyor. Tamam dercesine başını hafifçe sallıyordu. Aklına bazı şeyler geliyor, sormak istiyor ama soramıyordu. Soru sormaması gerektiğini biliyordu.

Hulusi Bey, tekrar dönmüş gölün manzarasına bakıyordu. Bir süre sonra göle bakarak konuşmaya başladı.

"Kur'an-ı Kerim; *'El Haytu'l ebyadu, mine'l Hayti'l evsedi, Mine'l fecri, etimmü's siyame ile'l leyl...'* der.

Burada denir ki; *fecirde güneş doğmadan evvel, ufukta görünen beyaz hat çizgi aklığını, gece karanlığından ayırt edinceye kadar ye, iç. Ondan sonra geceye kadar orucu tamamlayın.*

Bunlar ayetlerdir. Şimdi dikkat edilecek nokta şu. Ve maalesef bu nokta artık unutulduğu ya da özellikle birileri burayı istismar ettiği için yazık oldu müminlere, yazık oldu oruçlara, yazık oldu elde edilecek sevaplara.

Şimdi iyi dinle bu ayetlerdeki ince nokta *geceye kadar* ibaresidir. Bu söze çok iyi dikkat etmek gerekir. Gece akşam namazından sonra başlar. Kur'an'daki *"Haytu'l ebyadu"* tabiri fecir zuhurundan ufukta görünen beyaz çizgi demektir. *"Hayti'l evsedi"* tabiri ise güneşinden gurubuna müteakip, ufukta görünen karanlık hattır. *"Kable'l gurub"* akşam değildir.

Buna göre orucu açmak için ayette; *"ile'l leyl, geceye kadar orucu tamamla."* denilmiştir. Dikkat et *"leyl"* yani gece, akşam namazından sonra başlar.

Yani denilmektedir ki;

'Namazı kıl, orucu sonra aç.' İşin inceliği burada.

Yani oruçlu iken önce akşam namazının üç rekât farzını kılacaksın ardından orucunu su ile açacaksın sonra akşam namazının iki rekât sünnetini kılarsın. Ondan sonrada iftar yemeğini yersin."

Tekin bu anlatılanları büyük bir ilgi ve saygıyla dinliyordu. Kur'an-ı Kerim'i okurken bu durumu yıllarca önce fark etmişti zaten. O zamandan itibaren de hep merak ettiği bir durum vardı. Zira oruç açma durumunda Müslümanlar arasında karışıklıklar oluyordu bu durumda. Kimisi ezanı duyar duymaz açıyordu, kimisi ezan sırasında, kimisi de ezanın bitiminde açıyordu.

Hulusi Bey uzun süre sessiz bir şekilde göle baktı. Biraz sıkılgan bir şekilde Tekin konuşmaya başladı.

"Şimdi diyecek olduklarımı soru olarak algılamazsanız sevinirim. Zira sormak amaçlı değil. Ama fikrinizi almadan da edemeyeceğim. Müslümanlar ramazanda oruç açarken değişik vakitlerde açıyorlar. Buna sebep de acele etmelerini tavsiye olarak duydukları için kimisi ezanla kimisi ezan sonrasında oruç açıyor. Bu durumda o oruçlar hani nasıl desem..." diyerek sustu. Konuşmanın sonunu getiremedi. Zira soru sormuş gibi olacaktı.

Aslında sormak istiyordu *"Acaba o oruçlar ne olur?"* diye ama asla soru sormamalıydı. Belki bir şeyler der, ümidiyle içindeki taşıdığı kaygıyı anlatma yolunu seçmişti.

Hulusi Bey uzun süre konuşmadan göle bakmaya devam etti. Tekin çekinerek de olsa yüzüne baktı. Oldukça kederliydi. Cevap vermeyince Tekin de göl manzarasına bakmaya başladı. Mektupta yazanlara takılmıştı aklı. Bir de oruçlarını yanlış vakitte açtığı için üzülmüştü. Garip düşüncelerle göle bakışları dalmışken sesini duyunca bakışlarını hemen Hulusi Bey'e çevirdi.

Yüzündeki keder gayet rahat anlaşılabiliyordu. Sesindeki kasvet ve ağır konuşması da bu kederin yansıması gibiydi.

"Kur'an-ı Kerim sadece saygı gösterilsin, evin en yüksek köşesinde tutulsun diye gelmedi. Açıp okuyacaklar.

Bir güruh geldi, nüfus kâğıtları İslam. Anla artık ne dediğimi!"

Bu sözler Tekin'i üzmüştü. Başını öne eğdi.

Uzun süre konuşmadan göle baktılar. Bir süre sonra Hulusi Bey "Sana oruç hakkında bir ince sır noktadan daha bahsedeyim." diyerek konuşmaya başladı.

"Oruçlu olduğunda, sıcakta bunalıp sırf serinlemek için yüzüne su vurursan veya suyu ağzına alıp çalkalayıp hiç yutmadan dışarı atarsan orucuna asla zarar gelmez derler. Ama işin içinde çok sır bir nokta vardır. O şekilde yaparsan oruç sarsılır. İyi dinle; oruç, çok büyük bir ibadettir. Ve şimdi anlatacağım nokta İslam'ın en ince noktalarından birisidir.

Bu serinleme hareketlerinde çok ufak da olsa tahammülsüzlük ve usanma duygusu gizlidir. Terlemesen, usanmasan bu işi yapmazdın. Bu orucun ince bir noktasıdır. Asla yapma!" dedi.

Central Park'taki o cuma günü yaptıkları sohbetten sonra cumartesi günü birinci orucunu tutmuştu. Akşam namazının farzını kılıyor duasını edip su ile orucunu açtıktan sonra akşam namazının sünnetini kılıp namaz sonrası iftar ediyordu.

Hulusi Bey o gün park çıkışında arabasından büyükçe bir sandık vermişti.

"Emaneti sahibine teslim eyledim sen şahid ol ya Rabb!" diyerek.

Tekin o gün sandığı büyük bir merak ve ihtimamla evine taşımıştı. İçerisinden kitaplar ve bazı özel eşyalar çıkmış, hepsini evinde özel olarak hazırladığı bir odaya yerleştirmişti. Zira ona ulaşan mektupta özel bir salavat-ı şerife ve kendisi için Esma-i Hüsna'dan bir isim vardı. Bu ism-i şerifi ve salavat-ı şerifeyi zikredeceği saatler mektupta anlatılmıştı. Bunun için bulunduğu odanın oldukça sade, az eşyalı ve ışık almaması gerektiği yazıyordu. İçeriye asla ses gelmemesi bunun için pamukla her yeri tıkaması bile gerektiği tembih ediliyordu. Harfiyen yerine getirmişti. Bir odanın pencerelerini, oda içinden straforla kapatmış, üzerine alçı sıva yapmıştı. Tüm eşyaları odadan çıkarmış sadece yeni aldığı hasır bir seccade ve bir su testisi koymuştu. Hulusi Bey'in verdiği sandıktan çıkan eşyaları da odanın bir köşesine dizmişti.

On bir gün olmuştu bu odada epey saatler geçireli. Hulusi Bey'in verdiği koliden on bir ciltlik bir Kur'an tefsiri çıkmıştı. Bu oldukça farklı el yazması bir tefsirdi. Bu tefsir ciltleri, Tekin için Ledunni bilgilerle dolu el yazması paha biçilemez bir hazineydi. Elinden düşüremiyor saatlerce içinde adeta kayboluyordu tefsirin. Aslında on bir gün kısa gibi görünse de tüm bunların sonucunda hâlinde bir başkalık olmuştu. Bunu seziyordu...

Bu özel ve sade odasında huzuru bulmuştu. Yatsı namazını kıldıktan sonra bir süre Kur'an tefsirini okudu. Vird edindiği üzere salavat-ı şerifeyi okudu. Huzurlu bir şekilde odadan çıktı. Mutfakta kendisine kahve hazırlarken saate baktı. Vakit epey ilerlemişti. Saat gece yarısı 00:11 idi.

Çalışma odasına geçti. Yazılım şirketinden gelen raporları okuyordu. Masasındaki bina içi iletişim telefonu çaldığında saate baktı. Gece yarısı 00:27'yi gösteriyordu. Rezidansın lobisinden gelen bir aramaydı.

Telefonu açtığında lobi görevlisi oldukça nazik bir sesle konuştu.

"Tekin Bey misafiriniz var. Hulusi Ak Beyefendi gelmişler."

Tekin şaşırmıştı. Hemen cevap verdi.

"Tamam. Tanıyorum, bekletmeyin." dedi.

Hemen çalışma masasından kalktı. Hem çok sevinmiş hem de meraklanmıştı. En son Central Park'ta görüşmüşlerdi. O günden sonra bir daha görüşme olmamıştı. Cumartesi akşam yapılan yemekli Press Lounge buluşmasına sırf Hulusi Bey'le görüşmek için gitmişti. Ama o cumartesi akşamı gelmemişti. Sadece birkaç kez telefonla görüşmüşlerdi. Onlarda da hâl hatır sorma faslından ötesine geçememişti. Zira Hulusi Bey telefon sohbetlerini kısa sözlerle geçiştirip sonlandırıyordu.

Çalışma odasından hızla çıkıp salondan büyük hole geçti. Evinin kapısını açtı. Ve beklemeye başladı.

Asansör katta durunca kapısı açıldığında Hulusi Bey'i görmek, içine tarif edemeyeceği bir sevinç ve heyecan verdi.

"Selamün aleyküm evladım."

Tekin, mütebessim bir ifadeyle; "Aleykümselam, hoş geldiniz hocam." diyerek derin bir hürmetle eğildi Hulusi Bey'in sağ elini öptü. Ardından yine elini bırakmayarak sağ el avuç içini öptü.

"Berhudar ol evladım, çabuk öğreniyorsun. Maşaallah, Allah ilmini arttırsın."

Hulusi Bey ilk kez Tekin'in evine geldiği için son görüşmelerinden itibaren neler yaptıkları hakkında sohbet ederek evi dolaşıyorlardı. En son olarak yeni hazırladığı kendince huzur odam dediği odayı gösterdi Tekin.

"Odan tamam, güzel olmuş evladım. Pek vaktim yok. İstersen hemen konuşmamız gerekenleri anlatayım." diyerek odaya girdi.

Tekin hemen Hulusi Bey'in ardından odaya girdi. Hulusi Bey üzerinde Kur'an-ı Kerim olan rahlenin önüne diz çöktü. Tekin bunu görünce hemen rahlenin karşısına diz çöktü. Oda oldukça loştu. Sadece bir mum ışığı ile aydınlanıyordu. Zira öyle olması gerektiği yazıyordu mektupta.

Hulusi Bey çok hoş bir telaffuz ile *Bismillahirrahmanirrahim,* dedi.

Ardından bir sure okuyacağını zanneden Tekin yanılmıştı. Hulusi Bey aralarda derin nefes alıyor devamlı besmele okuyordu. Tekin saymıştı. Tam on bir kez besmele okumuştu.

Rahle üzerinde duran Kur'an-ı Kerim'den bakışlarını kaldırarak Tekin'e baktı.

"Kur'an-ı Kerim'de tüm sureler Bismillahirrahmanirrahim ile başlar. Sadece Tevbe Suresi'nin başında Bismillahirrahmanirrahim yoktur. Neden?

Tüm hayırlı işlere Bismillahirrahmanirrahim ile başlanır. Yemek yerken, su içerken bile bu şekilde yapılıp besmele çekilmelidir. Oysa hayatımız boyunca yapacak olduğumuz en önemli ve bize en faydalı iş namaz kılmak iken neden namazlara Bismillahirrahmanirrahim denerek başlanmaz? Neden sadece niyet edip başlarız?

Oysaki namaz kılmak için gerekli olan abdesti dahi almadan önce Bismillahirrahmanirrahim demen gerekir. Demezsen abdest olmaz. Abdest olmadan namaz olmaz."

Hulusi Bey sanki bunları cevaplaması için soruyormuş gibi değildi. Sadece dikkatini bir noktaya çektiği belliydi. Zira cevaplaması için beklememiş sorular sorarak konuşmasını devam ettirmişti.

"Bu dediklerimi aklının bir köşesinde ama en önemli bir köşesinde tut. Çok lazım olacak."

Tekin, *anladım* diyerek hafifçe başını salladı.

Hulusi Bey, "Bismillahirrahmanirrahim..." dedikten sonra "Okuyuşuma umarım dikkat etmişsindir. Şimdi benimle birlikte tekrar et evladım." dedi.

"Bismillahirrahmanirrahim..."

Tekin hemen Hulusi Bey'in ardından tekrar etti telaffuzuna dikkat ederek.

"Bismillahirrahmanirrahim..."

Tam kırk kez Hulusi Bey söyledi, Tekin hemen ardından daha dikkat ederek tekrarladı.

En son tekrarın ardından Hulusi Bey; "Tamam, güzel şimdi bir de manasını söyle." dedi.

Tekin kısık bir sesle yere bakarak cevap verdi.

"Rahman ve Rahim olan Allah'ın adıyla..."

Hulusi Bey kısa bir süre gözlerini yumarak bekledi. Ardından Tekin'e baktı. "Güzel. Evet, dar anlamda manası bu. Şimdi iyi dinle!" diyerek konuşmasını devam ettirdi.

"Bismillahirrahmanirrahim demek; Rahman ve Rahim olan Allah'ın bir adı, yani bir ismi var. Onunla demek…" diyerek sustu.

Kısa bir süreliğine yanan muma baktı. Sanki Tekin'in düşünmesi tefekkür etmesi için süre veriyor gibiydi.

Muma dalgın gözlerle bakarken, "Ne demek istediğimi anladın mı?" diye sordu.

Tekin, "Anladım hocam!" diye cevap verdi.

Hulusi Bey, "Anlat, anladığını." dedi.

Tekin sakin bir ses tonuyla, yere bakarak sıkılgan bir şekilde konuşmaya başladı.

"Allah'ın bir adı var. Hem Rahman hem Rahim olan bir adı. Besmelenin içinde bir isim saklı.

Rahman ve Rahim olan saklı bir isme işaret var."

Hulusi Bey bu cevap karşısında sevinmişti. Gözlerinin içi gülüyordu adeta. Tebessüm etti.

"Doğru anlamışsın. Rahman ve Rahim isimlerinin ve sıfatlarının manalarını zaten biliyorsun. Ama Besmele'de başka bir ismi olduğuna işaret buyurur. Tüm isimlerinden Rahman ve

Rahim olan sıfatlarından yola çıkılarak bu isme varılır. Tüm bu isimler Rabbimizin bizler için seçtiği isimlerdir.

Besmele'deki işaret buyurduğu isim herkesin merak ettiği, o ulaşmak istediği İsm-i Azam denilen ismidir ki bu isim dile, yazıya dökülmez.

O isme ve manasına ulaşanlar kalpleriyle görür, okur ve algılarlar. O ismin yazı gibi bir cismi yoktur. Cisim anlamında kelimeleri yaratılmamıştır. O isme ulaşan, okuyan kalp gözüyle algılar. İsm-i Azam özel kullarına özel ismidir. Bu lafımı sakın ha sakın unutma! İsm-i Azam'a ulaşmak Rabbimizin bize bildirdiği isimlerden yola çıkarak olur. Bize bildirdiği diğer isimlerin tanınması içindir. Tanınmış, kulu tarafından müşahede şerefine ulaşılmış ismi, İsm-i Azam'dır.

Gece teheccüd namazına kalktığın zaman, namaz sonrasında ve sabah namazının sonrasında Bismillahirrahmanirrahim üzerinde tefekkür et. Bi İznillah sır açılır."

Bugün orucunun yirmi yedinci günüydü. Akşam namazının ardından iftarını yapmıştı. Ardından bir süre huzur odasında Muhyiddin-i Arabi hazretlerinin el yazması eserini okumuştu. Bu kitap bambaşka bir şeydi. Mars'ta olanları anlatıyordu. Şeytan'ın oranın halkını nasıl azdırıp dalalete sürüklediğini,

Mars'a ve Utarit'e bıraktığı Es-Selam yazısını anlatıyordu. Tekin bir süre hayretler içerisinde okudu bu müthiş kitabı. Ardından bir süre mektupta dendiği gibi, *La ilahe illallah* zikrine çalıştı.

Mektupta bir usul üzerine kelime-i tevhidi zikretmesi söyleniyordu. "*LA*" derken, derin bir nefes alıyordu. Bu nefesi ağızdan alıyordu. Nefesi vermeden "*İLAHE*" diyordu. "*İLLA*" diyene kadar da nefesini vermiyordu. "*ALLAH*" dediği zaman kalpten nefes veriyordu. Bu talimi yüz gün boyunca yapması yazıyordu mektupta. Zaten yüz gün sonrasında artık bu nefes alma, verme tekniğine vücut intibak eder bu sayede haberin olmadan tevhit oluşur diyordu mektup.

Tüm bunlardan sonra çalışma odasına geçti. Masasının başında laboratuvardan gelen son raporları ve deney sonuçlarını okuyordu. Çok ciddi gelişmeler vardı. Ama eskisi gibi istese de laboratuvarda fazla vakit geçiremiyordu. Vaktinin çoğunu Hulusi Bey'in verdiği sandıktan çıkan Kur'an tefsirine ayırıyor, okudukça adeta içinde kayboluyordu. Değişiyordu yavaşça, bunu kendisi bile fark ediyordu. Tefsiri okudukça hâli başkalaşıyordu. Gün içerisinde Muhyiddin-i Arabi hazretlerini araştırıyor kitaplarına ulaşmaya çalışıyordu. Hoş elindeki tefsir kimde varsa...

Hulusi Bey zaten cumartesi akşamları Press Lounge'ye gelmemeye başlamıştı. Diğer dostları da bu durum karşısında "Önceden Hulusi Bey her hafta geliyor, sırlarla bizi mest ediyordu. Şimdi Tekin geliyor Hulusi Bey gelmiyor. Nöbeti devraldın Tekin." diye takılıyorlardı.

Hulusi Bey ile besmelenin sırlarını anlattığı geceden bu tarafa görüşmemişlerdi. Sadece Cuma günleri telefonda görüşmüşlerdi. Bu telefon görüşmeleri de, hâl hatır sormanın, "Cumanız mübarek olsun." demenin ötesine geçememişti.

Çayından bir yudum aldı. Düşüncelerini dağıtmak istercesine bilgisayarını açtı. Pearl laboratuvarı düşük ses frekansları ile ilgili bir şey yakalamıştı. Gün boyu profesörlerle bu konu hakkında toplantılar yapmışlardı.

Profesörler, "Garip bir şey oldu düşük frekanslı ses yakalamaya çalışırken bir şey fark ettik. Birkaç frekans daha düşükte bu makinayı çalışır halde tutabilirsek bazı hayvanların konuşmasını anlamaya başlayacağız." demişlerdi. O yüzden çok heyecanlıydı. Çığır açacaklardı. Bilgisayar açılınca laboratuvardaki kaydedilen ses deneylerini izlemeye başladı.

Bardağındaki çayın bittiğini fark edince, izlemekte olduğu laboratuvar gözlem videosunu durdurdu. Mutfağa geçti. Tam çayını doldururken bina içi iletişim telefonu çaldı. Hemen açtı.

Lobi görevlisi nazik bir şekilde; "Tekin Bey, misafiriniz var. Hulusi Ak Bey sizi görmek istiyor." dedi.

Tekin için en sevindirici haber bundan başkası olamazdı. Hemen cevap verdi.

"Tamam, tanıyorum. Bekliyorum."

Tekin hemen çayı bırakarak lavaboya koştu. Yüzünü yıkadı. Saçlarını taradı. Oradan hızla hole geçerek giriş kapısını açtı.

Zaten tam o sırada asansörün kapısı açıldı. Hulusi Bey her zamanki mütebessim hâliyle asansörden eve doğru yürümeye başladı. Tekin birkaç adım daha atarak öne çıkıp kapıda "Hoş geldiniz hocam," diyerek karşıladı. Karşılıklı selamlaştıktan sonra içeriye girdiler.

Tekin, "Hocam yeni çay demlemiştim, hemen size de dolduruyorum." dedi.

Hulusi Bey, "Fazla vaktim yok evlat. Diyeceklerim var. Odaya geçelim hemen. Zira mühimdir..." deyince, hemen Tekin'in huzur odasına geçtiler.

İçeriye girince Tekin mumu yaktı. Hulusi Bey yavaşça rahlenin önüne diz çöktü. Tekin mumu sehpaya bıraktıktan sonra Hulusi Bey'in karşısında saygıyla diz çökerek beklemeye başladı.

"Evladım artık fazla bir zaman kalmadı. Bugün yirmi yedinci orucun tamamlandı. Allah'ın izni ile Umre hazırlıklarına başla. Orucunu kırka tamamladıktan sonra yola çık. Ama Umrede yapman gereken çok mühim şeyler var.

Şimdi beni iyi dinle:

Sana birkaç bilgi vereceğim ardından Umre sırasında yapman gerekenleri anlatacağım." dedi.

Tekin, anladım manasında konuşmadan hafifçe başını salladı.

"Öncelikle Hacer-ül Esved hakkında birkaç sır vereyim." diyerek konuşmasına devam etti.

"Resulu Ekrem Efendimiz (s.a.v) Hz. Ayşe ile Haceru'l Esved'in karşısında parmakları Hacerul Esved' e değerken şöyle buyurmuştur;

'Yâ Ayşe, bu taş eğer eski cahiliyet devrinin asırlarca devam eden pislikleri ve kirleri ile kirletilmiş olmasaydı, onunla her türlü hastalık, veba ve musibetten kurtulmak için Allah'tan şifa istenirdi. Ve halen de Allah'ın ilk indirdiği şekilde bulunurdu. Allah, elbette bir gün onu ilk yarattığı şekle döndürecektir. O, cennet yakutlarından beyaz bir yakut idi, fakat Allah, onu kötülerin günahı sebebi ile değiştirip ziynetini zalim ve günahkârlardan gizledi. Zira onlar cennetten çıkma bir şeye bakmaya lâyık değillerdir.' demiştir."

Hulusi Bey kısa süreliğine susmuş gibiydi. Bunu hep yapıyordu. Sanki anlatılan şeyin tam anlaşılması için düşünmesi için zaman veriyor gibiydi. Bu süre zarfında hep mum ışığına dalgın şekilde bakıyordu.

Kısa süren sessizliğin ardından mum ışığına bakmaya devam ederek konuşmasını sürdürdü.

"Hacerü'l- Esved'in hangi yıldızdan düştüğü malumdur. Okuduğun tefsirde o yıldızın adı yazar. Sandıktaki diğer Muhyiddin-i Arabi hazretlerinin kendi el yazması eserinde Hacerü'l- Esved'in kalan bir parçasının da Ay'da olduğu yazar.

Yine elindeki Muhyiddin-i Arabi hazretlerinin el yazması eserinde Haceru'l- Esved'in Dünya yüzüne düştüğü günün *Cuma* olduğu ve sabaha karşı düştüğü yazar ki iyi incelersen hangi yıldızdan düştüğü de yazar. Biraz farklı olarak yazılmış bir eserdir o." diyerek sustu.

Hulusi Bey yine anlattıklarını ezberlemesi, tefekkür etmesi için Tekin'e süre vermiş sessizce mum ışığına bakıyordu.

Aniden başını çevirdi. Tekin'e bakarak; "Şimdi bu noktayı iyi anla. Dikkat et. Haceru'l- Esved'in düştüğü mevsim ve gün *hac* mevsimidir. *Hac* bu yıldızdan düşen Haceru'l- Esved içindir. Bunu sakın ha, sakın unutma!" dedi.

Tekin artık şaşırmıyordu. Zira elindeki okumakta olduğu on bir ciltlik el yazması tefsirde her gün hayrete düşüyordu. Muhyiddin-i Arabi hazretlerinin el yazması eseri ise başlı başına bir olaydı. Bugün Hollywood'a götürse muhteşem bilim kurgu filmleri çevirirlerdi düzinelerce. Dünyanın anlatılan tarihinin yalan olduğunu Muhyiddin-i Arabi'nin eserini okudukça anlamıştı.

Hulusi Bey'in sesiyle irkildi.

"Tekin, evladım sakın ha, sakın unutma! Hacda umre, umrede hac gizlidir. Hac emir hâlinde bir *umredir*, ziyarettir. Umre de bu emrin değişmez ulûhiyetinin emirsiz şeklidir. Bunu bil ve buna göre davran. Bu sözleri çok iyi düşün. Anla umrenin ne olduğunu.

İnsanlar, umrenin aslında ne olduğunu unuttular. Umrenin aslında niçin yapıldığını, neyi ve kimi ziyaret ettiklerini ve bundaki sırrı unuttular. Ah bir de bilselerdi umrenin aslında buluşma, kavuşma olduğunu. Ziyaret ettiğin ev sahibiyle rüyada buluşma, konuşma olduğunu. Hoş artık rüyanın ne olduğunu da bilmiyorlar ya..."

Duydukları karşısında şaşkın bir halde, "Tamam hocam!" diyerek cevap verdi saygıyla.

Hulusi Bey anlatmaya devam etti.

"Umre sırasında Kâbe'de bulunduğun zaman seferi değilsin bunu sakın unutma! Ama Kâbe dışında iken Mekke'de olsan bile seferisin bunu da sakın unutma! Namazlarını bu kaide üzerine eda edeceksin.

Gece teheccüd namazını kılacağın vakit kaldığın yerde kıl. Gece yollara düşüp Kâbe'ye gitme Mekke'deyken.

Umre ziyareti sırasında Medine'ye gittiğin zaman namazlarda seferi olduğunu unutma. Beş vakit namazı mutlaka camide kıl. Beş vakit namaz ve gece teheccüd namazından fazlasına umre sırasında gerek yok. Orada bunlara riayet et.

Medine'de, Hz. Muhammed Mustafa (s.a.v) Efendimize sık sık salâvat getir. Hz. Fatıma'nın ruhuna dilediğin sure ve ayetlerden oku.

Oraya gittiğinde Ravza-i Mutahhara'da görürsün, Nisa kapısı vardır. O kapının dış tarafından Resulü Ekrem'e münacatta bulun. Fazla yanaşma. Nefsinin yanaşma arzusunu dizginle.

Umre sırasında ilk gün sabah ve akşam namazlarını güney taraftan Medine'ye doğru Kâbe'de kıl.

Umre sırasında ilk üç gün boyunca öğle namazını, ikindi ve yatsı namazını sırtın Kızıldeniz'e gelecek şekilde yani batıya gelecek şekilde Kâbe'de kıl.

Umre sırasında ikinci ve üçüncü gün, sabah ve akşam namazını sırtın Medine'ye gelecek şekilde Kâbe'de kıl.

Umre sırasında dördüncü gün ve ondan sonraki günler boyunca dönünceye kadar, bütün namazlarını Kâbe'de iken, Kızıldeniz'e doğru kıl.

Şimdi söyleyeceklerimi çok iyi dinle. Umre aslında az sonra söyleyeceğim şey için yapılır. Hac ve Umrede ki sır esasen Hacerü'l- Esved taşıdır.

Umre ziyaretinin şimdilerde unutulan en önemli noktası orada görülecek rüyadır.

Umrede iken Hacer-ül Esved taşına yaklaş;

Esselamu aleykûm

Ya Bakıyyetül cüz'ül cesedil insan

Ya Yakud-ul hadra

Ya El Hacer-ül *Esved* Şahid *ol,* diyeceksin.

Sonra, sağ el işaret parmağını diline değdir. Ardından o parmağının ucunu Hacerü'l-Esved'e değdir. O sırada, *sakladığın sırdan bana görünmeyeni ver,* de. Sonra elini çek, elinin üstünü öp. Ardından öptüğün elin üst kısmını tam öptüğün yerden sağ gözüne sür.

O gece göreceğin rüyayı kimseye söyleme. Sakın ha sakın, hiç kimseye söyleme! O rüya senle mezara gitmeli...

Laboratuvarlarındaki tüm profesörler ve yönetim kademesindekiler ile sabah kahvaltısında bir araya gelmişlerdi. Tam kırk gündür bu sabah kahvaltılı şirket toplantılarına katılmıyor, başkanlık etmiyordu. Sonradan gelerek toplantı kayıtlarını dinliyor güne o şekilde devam ediyordu. Ama bugün katılmıştı.

Kırk günlük orucunu tamamlamış, o yüzden de şirketinde bu sabah kahvaltıya katılmıştı. Profesörler son gelişmelerden bahsettiler. Uzun süre konular tartışıldıktan sonra kahvaltı sonrası içilen çay sırasında Tekin konuşmaya başladı.

"Beyler, birkaç hafta burada olamayacağım. Çok önemli bir ziyaret için seyahate çıkıyorum. Yokluğum sırasında özellikle sesler hakkında Pearl laboratuvarına azami destek sağlamanızı istiyorum. Bugün su ile ilgili özel bir dosya getirdim. Herkes kendi bilgisayarını açtığında maillerinde bu dosyayı bulacaktır. Üzerinde yoğunlaşmanız gereken yerleri belirttim." dediğinde herkes tabletine gereken notları almaya başlamıştı.

"Bugün gerekli girişimlere başlayın. Ek bir laboratuvar daha kuruyoruz. Bu laboratuvar daha sonra kurulacak bir hastanenin çalışma sistematiğini ve kurgusunu hazırlayacak. Hastane tamamen su ile hastaları iyileştirme üzerine uzmanlaşacak. Bununla ilgili bazı özel bilgileri de sizlere dosya olarak gönderdim." diyerek sözlerini devam ettirdi.

Profesörlerle yapılan toplantı bir süre sonra özellikle Pearl şirketinin düşük frekanslı sesleri anlamlandırma projesinin on beş gün önce, başkanlığına getirdiği Profesör Robert Housden'ın sunumuyla devam etti.

"Tekin Bey aslında bu durum tamamen şans sonucu ortaya çıktı. Biz projemiz doğrultusunda çok düşük frekanslı sesleri yakalamaya çalışıyorduk. Bunun için şehrin gürültüsünden çok uzak olmamız gerekiyordu. Bu yüzden, aracımızla Büyük Smoky Dağları civarında kamp kurmuş, sesleri cihazlarımızla yakalamaya çalışıyorduk. Gece araçta kayıtları dinlerken fark ettik. Cihazımızda ses kayıtlarını dinlemek için çalıştırdığında kısık sesle bir konuşma vardı. Önce çok heyecanlandık. Hatta sevinçten çığlık attık. Ama sağlamasını yapmamız gerekiyordu. O dakikada ve o saniyedeki ses kaydını bir de normal kayıt cihazlarımızdan çıplak kulak ile dinlediğimizde bir maymunun sesiydi duyduğumuz. Defalarca karşılaştırdık. Hata yoktu."

Toplantı sonrası hemen laboratuvarlarının bulunduğu binadan ayrıldı. Çıkışta özel şoförü Serdar aracıyla hazır bekliyordu. Tekin'i görünce hemen aracın arka kapısını açtı.

"Serdar hemen havalimanına!" diyerek araca bindi.

Komutu alan Serdar, aracı hızla Kennedy Havalimanına doğru sürmeye başladı. Tekin, içinde anlatılmaz bir heyecanla aracın arka koltuğunda düşüncelere dalmış bir şekilde New York'u izliyordu.

Araç köprüden geçerken aşağıdan akan Hudson Nehri'nin sularına baktı. İçindeki heyecan daha da artmıştı. Cebinden uçak biletlerini çıkarıp bakmak istedi. Nedense uçak biletlerini aldığı günden itibaren ara ara cebinden çıkarıp biletlere bakarak gülümsüyor, çok mutlu oluyordu biletlere baktıkça.

Cebinden biletleri çıkardı. İstanbul aktarmalı Mekke biletiydi. İstanbul, Mekke yazılarına bakarak gülümsedi. İçindeki tarifsiz heyecanla;

Essalatu vesselamu aleyke ya Resulullah diyerek elini göğsüne koydu…

İLK Kİ*TABIN SONU…*

NİYAZ-İ MISRİ (K.S)

8 Şubat 1618 (12 Rebiülevvel 1027)'de Malatya Soğanlı Köyünde (İşpozi) doğmuştur.

Zahiri ilmini Diyarbakır, Mardin, Bağdat, Kerbela ve Mısır'da tamamlamıştır.

Üç yıl kaldığı Mısır'da Gavsü'l-Azam Abdulkadir Geylani (ks) Hazretlerini rüyasında görmüş ve "Zahirî ilimden sonra Bâtıni ilim için Anadolu rüşte erdiricini bul!" buyurulunca, 1643 yılında Anadolu'ya ve 1646 yılında İstanbul'a sonra Bursa'ya geçerek gerçek mürşidini aramaya başlamıştır.

Bursa'da iken rüyasında, kalaycının bir ibriği kalaylarken ikiye bölüp önce içini kalaylayıp tekrar birleştirerek dışını kalayladığını görür. Kalaycının kendisine tanıdık geldiğini anlar ve peşine düşer.

1647 yılında Uşak'a geçer ki o günlerde kaldığı tekkede Mürşit Ümmî Sinan Hazretlerinin Elmalı'dan yola çıktığı söylenir. Merakla beklerken gelen Hak Mürşit Ümmî Sinan Hazretleri

"İbrik nasıl kalaylanır Derviş Mehmed Mısrî oğul!" deyince tamamen Mürşidine teslim olur, bağsız bağla...

Mürşidi Ümmî Sinan Hazretleri ile Antalya'nın Elmalı kazasına gider ve 1647-1656 yıllarında birlikte ve hizmetinde kalır. Önce bir yıl kadar Uşak'a, sonra dört buçuk yıl Kütahya'ya halife olarak gönderilir.

Ne var ki Kadızâdeler denilen koyu taassupçu ve gericilerin *Hak Erenler* üzerindeki baskısı ve zulmü bir nevi hınç almaya dönüşmüştür.

1657 yılında Muhammedî Mürşidi Ümmî Sinan Hazretleri Hakk'a yürümüştür. Ağlayarak çıktığı ayrılık yolunda düştüğü tarih divanında olmamakla beraber tespit edilmiştir:

Uğradı can yine matem üstüne

Olmaya bir nale nalem üstüne

Can ü dil meksûf ü maksûf oldular

Kara gün doğdu bu hanem üstüne

Feyzimin suyu yerinden od çıkar

Yaraşır bana ki yanam üstüne

Yıkılıp meyhane hiç mey kalmadı

Bir eşik bulam mı *yatam üstüne*

Geldi şeyhimin Niyazi tarihi

San kıyamet koptu âlem üstüne...

Bu derin ve derunî acı ile diyar diyar dolaşır. Uşak ve sonra Bursa...

Bursa'da *Kutbiyyet Makamına* nail olur. Kendisinden zuhur eden harikalıkların getirdiği fitne seli artık peşini bırakmayacaktır.

Fitne kazanının ateşi Kadızadeler, Sultan IV Mehmet'ten 1666 (1077) yılında; *Sofiyenin devaranı ve dedegânın semaları yasaktır,* fermanını almışlardır.

Halak-yı zikir durmuş, neyler susup semâğlar semaya uçmuş ve tekkeler kapanmıştır. 1674 (1084) yılında Ayasofya Camisi'nde bir Cuma günü Niyazi Mısrî Hazretleri irticalen ve coşkulu bir vaazla ilâhî aşkın yaşayışa geçişi olan aşk-ü cezbe zikrini anlatır. Halk hıçkırıklara boğulunca, sultan mahfelinden olanları izleyen Sultan IV Mehmet tekkeleri kapatma yasağını derhal kaldırmıştır.

1675 (1085)'de Sadrazam Fazıl Ahmed Paşa Edirne'ye davet eder. Ve ne yazık ki açık eleştirilerini kullanan fitneciler Rodos adasına kalebent olarak sürülmesini sağlarlar. Kendisini götüren Azbî çavuş, sadık bir müridi olacak ve ölünceye kadar hizmet görecektir.

Rodos sürgününden sevenlerinin duasıyla kurtulup Bursa'ya döner. Ancak azılı düşmanı Vanî Efendi denilen kimse ve yandaşları, akıl almaz iftira ve tuzaklarla on beş yıl kalacağı Limni Adası sürgününü tezgâhlayıp gerçekleştirirler.

1691 (1103) yılında Sultan II Ahmet sürgünü kaldırır. Bursa'ya döner. 1693 (1105) yılında tekrar Limni Adası sürgünü başlar.

Celvetiyye Tarikatı, Selâmiyye kolunu kuran Selami Ali Efendiden tutun da Vanlı Vanî efendiye kadar taş yağmuruna tutulan bu eşi bulunmaz, gönül dostu, kâmil âşık; son seferinde, Limni Adası'na götüren gemi Anadolu kıyılarından açılınca gözyaşları içinde; "Osmanlı sülâlesinin inkırazı için dördüncü semaya bir kazık çaktım! Bu kazığı benden başka kimse çıkaramaz!" demiştir.

Yetmiş sekiz yıl süren çilekeş ömrü, 16 Mart 1694 (20 Receb 1106) çarşamba seheri sonunda, Limni Adası kuşlarının ilk ötüşleriyle sonlanmış, aziz ruhu Hakk'a uçmuştur.

İlm-i Cifr bahanesiyle kahra kalkışılan ve hayatı çilelerle boğulan, yiğit başının yetiştirdiği yiğit eren, cezbe ve cesaretin yüce yürekli, amansız âşığı ruhun şâd olsun! Rahmetler ruhuna ebediyen yağsın!

Aradan nice yıllar geçmiş, Sultan Abdülmecid Han, Osmanlı Devleti ve müttefikleri İngiltere, Fransa ve Piemento ile Rusya arasında, 1853-1856 yıllarında yapılan Kırım Savaşında (Kırım Harbi) kararsız kalınca, Yahya efendiyi, Kuşadalı İbrahim Hakkı Hazretlerine dua ve görüşü için göndermiştir. Kuşadalı Hazretleri, "Niyazi Mısrî'nin, Limni'ye nahak yere iftiralarla sürülmesi haksızdı. Gönlü alına!" demiş ve bu bedduasını söylemiştir.

Derhal Niyazi Mısrî'nin divanını isteyen Sultan Abdülmecid Han ilk açtığında: aşağıdaki beyitleri okumuştur.

"Oldum İsmail gibi teslim Hakk etti hemîn

İki yüz bin *dahi yetmiş beşte bir Kurban bana*

Anladım zebh-i azime bir işarettir bu koç

Hem beşarettir gele Yahya ile mihman bana"

"Savaşın müjdesi vardır bu deyişte!" deyip savaşa karar verir.

Galip geldikten sonrada sarayında besleyip koç kakıştırmakta yani toslaştırmakta kullandığı en kıymetli koçunu Limni Adası'ndaki Niyazi Mısrî'nin kabrinde kurban etmiştir.

Ne var ki koca Osmanlı sülâlesi, o muhteşem zaferlerine rağmen her Müslüman Türk'ü yüreğinden yaralayan ve hâlâ ayak basamadığı topraklarından uzakta sürgün yaşamaktan kurtulamamıştır.

Arzularsın

Nefsini terketmeden, Rabbini arzularsın,
Hayvanı sen geçmeden, insanı arzularsın!

(Men arefe nefsehü, fekad arefe rabbeh),
Kendini sen bilmeden, Sübhânı arzularsın!

Sen bu evin kapısısın, henüz bulup açmadan,
Ma'şûka kavuşacak, zamanı arzularsın!

Dışarı üfürmekle, yakılır mı bu ocak?
Gönlün Hakka vermeden, ihsânı arzularsın!

Dağlar gibi kuşatmış, tenbellik, kardeş seni,
Günahını bilmeden, gufranı arzularsın!

Konuk için evin yok, hiç hazırlığın da yok,
Issız dağın başında, mihmânı arzularsın!

Bostanı, bağı geçdin; meyvesin bulamadın,
Sen söğüt ağacından, rummânı arzularsın!

Gece sayıklar gibi, anlaşılmaz söz ile,
Sen de mi ey Niyazî irfanı arzularsın?

Camı temizlemeden, aynayı arzularsın,
Zünnârını kesmeden, îmânı arzularsın!

Küçük çocuklar gibi, binersin ağaç ata,
Tecriben yok, topun yok, meydânı arzularsın!

Karıncalar gibi sen, ufak ufak yürürsün.
Meleklerden ileri, seyrânı arzularsın!

Topuğuna çıkmadan, suyu deniz sanırsın,
Sen dereyi geçmeden, ummanı arzularsın!

Haydi Niyazî yürü, atma okun ileri,
Derdiyle kul olmadan sultânı arzularsın!

DR. MÜNİR DERMAN (K.S)

Hüseyin Münir Derman, 1910 yılında Trabzon'da dünyaya geldi. Babası Ahmet Rasim Efendi, annesi Şehvar Hatun'dur. Annesi Gümüşhane'de, babası Vakfıkebir'de doğmuştur. Şehvar Hatun'un annesi Pembe Hatun, babası Uzun Mehmet Efendi'dir. Ahmet Rasim Efendi'nin annesi Kafkasya'dan Cevahir, babası Buhara'dan Hacı Ali Efendi'dir. Münir Derman'ın anne tarafından büyük annesi Gül Hatun "Evliya Kadın" olarak bilinmektedir. Gümüşhane'nin Hedre Köyü'nde türbesi vardır. Yine anne tarafından şeceresi Ahmet Ziyâeddin Gümüşhanevi Hazretlerine kadar uzanmaktadır. Nazım ve Nuriye isimli iki kardeşi kendisi doğmadan, ağabeyi Hasan Kazım ise kırk yedi yaşında vefat etmişlerdir.

Ahmet Ziyâeddin Gümüşhanevî Hazretleri, büyük velilerden, ismi Ahmet b. Mustafa, künyesi Ziyâeddin olup, Gümüşhanevi diye meşhurdur. Babası Emirler sülalesinden Mustafa Efendi'dir. 1813'de Gümüşhane'nin Emirler mahallesinde doğdu. 1893 tarihinde İstanbul'da vefat etti. Kabr-i şerifi Süleymaniye Camii avlusunda Kanuni Sultan Süleyman Han türbesinin kıble tarafında olup ziyaret mahallidir.

Münir Derman'ın harikuladeliklerle dolu hayatı Trabzon'da başlamaktadır. Rus işgali nedeniyle oradan göçüp Gümüşhane'ye yerleşmişler. Daha sonra burası da Rus işgaline uğrayınca tekrar işgalden kurtulan Trabzon'a göç etmişlerdir. Burada ne kadar kaldıkları bilinmemektedir. Derman Hoca bu göç macerasını şöyle anlatıyor.

"Hedre'den muhacir çıktık, kafile hâlinde yürüyerek. Nereden geçtik. Nerede konakladık. Hatırlamıyorum. Ankara'ya kadar geldik. Bent deresi denen semtte küçük bir evde oturduk. Pembe Ninem Ankara'da Hakk'a göçtü. Hacı Bayram-ı Velî türbesi yanındaki mezarlığa defnedildi. Sonraları o mezarlık kaldırıldı. Rahmetli dayım, annesi ninemin kabrini toprak ve kemikleriyle aldı. Hedre Köyü'ne götürerek büyük ninesi Evliya Kadın'ın yanına defnettirdi. Dayım o zaman Gümüşhane mebusu idi."

Münir Derman, öğrenimine babasının yazdırdığı, Fransız kolejinde başlamıştır. Burada Fransızcayı en iyi şekilde öğrenmiştir. Aynı zamanda rahibin oğlu olan arkadaşı sayesinde Rusçayı da hazinesine katmıştır. Liseyi bitirdikten sonra devletin açtığı burs sınavına katılmıştır. Derman Hoca bu devlet bursu ile tahsil hayatının büyük bölümünü Fransa'da geçirmiştir. Burada felsefe bilimleri ve psikoloji bölümlerini okumuştur.

Fransa dönüşünde Ankara Dil Tarih ve Coğrafya Fakültesi'nde Fransızca başta olmak üzere dersler verir. Münir Derman yirmi iki yaşlarında İstanbul'da Tıp Fakültesi'ne başlar. Orayı da bitirir, doktor olur. Yine tahsil hayatı devam eder. Bir tanıdığı vasıtasıyla Suudi Arabistan'a gider. Kralın Saray Doktorları arasına girer. Arabistan'da iken aynı zamanda Mısır'daki El Ezher Üniversitesi'ne kaydını yaptırır. Hem doktorluk yapar hem de El Ezher'e devam eder. Dışarıdan derslere hazırlanır. Ve imtihanlarına girmek suretiyle Ezher Üniversitesi'ni de bitirir. Suudi Arabistan'dan Türkiye'ye döndükten sonra hükümet tabibi olarak Ağrı'nın Eleşkirt ilçesinde görevlendirilir. Şark hizmetini Eleşkirt'te bitirir. Daha sonra Bilecik'in Bozhöyük ilçesi hükümet tabipliğine tayini yapılır.

Ankara Üniversitesi Dil Tarih Coğrafya Fakültesi'nde dersler veren Münir Derman Hoca, doktorluk mesleğine ilk olarak sağlık bakanlığı nezdinde gönderildiği Ağrı, Doğubayazıt, Eleşkirt'te şark hizmetiyle başlar.

Evlendikten sonra ikinci görev yeri olan Eskişehir'e yerleşmiştir. Eskişehir'de genel cerrahi dalında doktorluğa devam etmiş ve buradan emekli olmuştur. Bu dönemlerin hangi tarihte başlayıp bittiği bilinmemekle beraber bir dönemde Talal isminde tıp fakültesinden çok samimi olduğu arkadaşının vasıtasıyla Arabistan'da çalışmıştır. Yedi yıl kadar Kralın doktorluğunu yapmıştır. Bu dönemle ilgili bazı hatıraları vardır. Hücreyi Saadet'e sadece bir defa çok ısrar edildiği için girmiş diğerlerinde edebinden dolayı içeri girmemiştir.

Münir Derman Hoca, yaklaşık olarak 1963-1964 yıllarında Türk Tıbbında ilk defa kopan bir ayağı ameliyatla takarak uluslararası tıp dünyasında ilgi çekmiştir.

Olay şöyle olmuştur...

Bir kadın hastaneye geliyor, elinde bir ayak.

"İyi bir cerrah yok mu? Muhammed (s.a.v.) aşkına şu bacağı taksın." diye bağırıyor.

Derman Hoca, Muhammed (s.a.v.) adını duyunca kötü oluyor. Hemen ayağı kopan genci ameliyat ediyor. Dokuz saat ameliyattan sonra Hoca çıkıp secde ediyor. Eve gidiyor, gelişme olursa bildirilmesini rica ediyor. Sonra Hoca'ya telefon edilip bacağın sıcaklaştığı müjdesi veriliyor. Bu başarılı ameliyattan sonra ilk tebrik telgrafı Sovyetler Birliği'nden gelmiş, sonra Amerika'dan, Fransa'dan, Almanya'dan davet telgrafları almıştır.

Eskişehir'deki görevinden emekli olduktan sonra, davet edildiği Almanya'ya gitmiştir. On beş yıl Almanya'da anatomi profesörlüğü yapmış, sonra yurda dönmüştür. Bu vazifelerin haricinde ilaç fabrikasında çalışmıştır. Bazı ilaçların açık patentini almıştır. Fakir hastalara bizzat yardımcı olmuştur. Derman Hoca atom modelinin dökümünü yapmıştır. Şartlar elvermediği için geliştirememiştir. Tıpla ilgili eserleri de vardır.

Eserlerinin bir kısmını, II. Dünya Harbi'nde Fransa'da kitapların olduğu yer bombalandığından kaybetmiştir.

Trabzon'da dört yaşından itibaren Buharalı Hocası Ömer İnan Efendinin manevi eğitiminde ilerlemiş, ondan feyz almış ve seyr-u sülûkunu aynı zatta tamamlamıştır. Hâfız Nigar ismindeki hocasından Kur'an öğrenip yedi yaşında hafız olmuştur. Ömer İnan Efendi, Derman Hoca'nın küçüklüğünde Rus askerlerinin attığı topları eliyle tutar, üzerine bir şeyler okur ve gönderirmiş. Çiftçilikle uğraşan Ömer İnan Efendi, çok kanaatkâr ve celalli bir zatmış. Herkes ondan korkar ve çekinirmiş. Kendisi çok büyük bir veliymiş.

Derman Hoca, Haçkalı Hoca diye Trabzon'da sık sık tayyi mekân yapan bir zattan bahsetmiştir. Fakat onunla manevi bir yakınlığı olmamıştır. Bunun yanında manevi terbiyesine yardımcı olan, Doğu Beyazıt'taki görevi esnasında tanıştığı Ömer isminde bir zattan bahsetmiştir. Şam'da bulunan dört kişiden de el aldığı bilinmektedir. Bu zatların kim oldukları hakkında malumat yoktur. Münir Derman Hoca'nın anne ve babası da Ömer İnan Efendi'ye intisaplı olduklarından, kendisinin intisabı kolay olmuştur. İnan Efendi, onun manevi terbiyesiyle çok yakından ilgilenmiştir. Onu, on beş yaşında kırk günlük erbaine sokmuş, her gün sadece yemesi için bir tas çorba vermiş, karanlık bir odada çile doldurmuştur.

Halvetten çıktıktan sonra, İnan Efendi'nin evinin bahçesinde, çardakta yemeğe oturmuşlar, sofraya kızarmış tavuk gelmiş, İnan Efendi "Yiyelim!" deyince Derman Hoca, budu koparmaya başlamış. Daha ağzına götürmeden Efendisi budu elinden çekmiş, almış. "Senin daha nefsin temizlenmedi, tekrar halvete, odaya gir." demiş. Hoca ağlayarak kalkmış. Halvete kapanıp, kırk gün sonra çıkmış. Ömer İnan Efendi onu sabah namazına ormana göndermiş. Er-Rahman süresini okumasını tembihlemiş. Ormanda siyah sarıklı bir zât çıkmış karşısına.

"Halvetin mübarek olsun, artık sen de bizden oldun. Zaman zaman yanına geleceğim ve dediklerimi yaparsın." deyip kaybolmuş.

Bunu hocasına anlatmış, hocası onu tebrik edip, "Yolun açık olsun" demiş. Dua etmiş, onu uğurlamış.

Yine bir sabah namazında efendisi, Hoca'yı tek başına, karanlıkta ormana göndermiş. O zaman bütün ağaçlar ve çiçekler Münir Derman ile konuşmuş. Ağacın biri çok kuruymuş, ağlıyormuş. Derman Hoca'nın kendisine yaslanmasını istiyormuş. Hoca ağaca yaslanınca, ağacın dibinden bir çiçek çıkmış ve üzerinde bir şebnem damlası varmış. Damla büyüyüp hocayı içine almış. Onu yıkamış.

Siyah sarıklı bir adam onu okşamış; "O isterse her şey olur," deyip ortadan kaybolmuş. Böylece maneviyatı hızla gelişmeye başlamış.

Derman Hoca'nın meşrebinde celâllik vardır. Aynı zamanda kuvvetli merhamet yatağı olan Derman Hoca garip ve tek bir fert olarak yaşamıştır. Fazla arkadaş edinmemiştir. Ferdiyet makamında idi. Herkesin bilmediği Şemsettin Tebrizî'inin meşrebidir. O da bu meşreptendir. Garip gelip, garip giden Derman Hoca çok yoğun, anlaşılmama yalnızlığı çekmiştir. Halvet onun en çok kullandığı usuldür. Kendisi makamının yükselmesi için riyazetler yapmıştır. Her zaman az yemek, az uyumak gerektiğini talebelerine hatırlatmıştır.

O, kendisini kitabında şöyle anlatmıştır.

"Ben evliya veya ermiş bir insan değilim. Basit bir mümin olmaya çalışan bir insanım, dünya nimetlerinin şükrünü eda için çalışıyorum. Vakit bulursam istiğfar ile uğraşacağım. Hayât-ı hususiyemi bilmeyenler hırpalayıcı sözler söyleyebilirler. Bunlara bir mana vermedim. Her şeyden el çektikten sonra meşgul olanlardan değilim ben. Meşgul iken her şeyden el çekmeye çalışanlardanım."

Derman Hoca kendi gayretiyle talebe almamıştır. Hakk tarafından kendisine gönderilenleri talebeliğe kabul etmiştir. Çok sayıda mürit edinmemiştir. Gerçek talebelerinin sayısı altıyı geçmemiştir. İrşat olunacakları irşat etmiştir. Derman Hoca kendi tarzını şöyle anlatır.

"Her gün yıkanmam emir olundu. Az yemem, az su içmem emir olundu. Bu emirler hiç güçlük çekmeden, ben arzu etmeden husûl buldular. Ayda iki gece ben, bilmediğim meçhul diyarlara davet ile götürüldüm. Oradan rağbet ve itibar ederler bana. Bütün müşküller halloldu bana. Celâl köşesinden daima Settâr sıfatının altından bağırmak emir olundu bana. Mürşitlik rütbesi verildi, irşat ederim. Mürit gönderirler bana.

Eteğime yapışanlara Celâl köşesinden hırpalamak emir olundu bana. Maşrıktan mağribe atıldım. Mağrip sultanı emretti bana. Her gece Sultan-ı Mağribi ziyaret ederim. Âlem-i Misal tayyi mekân oldu bana inayet. Gayb Rical'ini gördüm. Selam ettiler bana. Edep içinde divan durdular. Kulağıma fethiyye salâsını okudular. Üçler, yediler sonra dörtler buz gibi su ikram ettiler bana. Su içmekle kanın içre hücrem zikrini guslederim. Tevhide girdim. Bu gusl farz oldu bana. Kanaatten bereket evcain saldılar evim canibime... Bir lokma soframda yiyen, doyan olur, tuhaf geldi bana. Rıza rüzgârının bir yaprağı gibi oldum. Çok şükürler Allah'ıma, salât olsun Mahbubuna... Cemâlullah zahir oldu. Cemâl Celâl, Celâl Cemâl karışarak tevhit oldu. Derya içre düşüverdim. Damla idim, umman oldum. Dertli idim. Derdim gidip Derman oldum...

Kırklar sofrasında bulundum. Bunların üçü ile haftada bir kere buluşurum. Kırklardan mısın diye sorma bana... Ben o, üç ile dört yaparım. Hiç ile kırk oluruz. Üç kişi bir de ben, bir de hiç, bir taife teşkil ederiz, gezeriz. Hem kırkız, hem dördüz, hem hiçiz biz..."

Günümüz tarikat anlayışını eleştirir ve şöyle der.

"Size beş vakit namaz, Allah ve Resulü yeter. Bu devir, tarikat devri değil, her şeyin sahte olduğu bir devir."

Klasik tarikatlardaki devran, zikir halkası, toplantı gibi gösterilere izin vermemiştir. Evrat olayını da benimsememiştir.

Kendisini hiçbir zaman belli etmeyen Derman Hoca cemaatleşmeye de karşıydı. *Allah'a giden yol birdir*, derdi. Cemaatleşme olunca fitne çıkacağını ifade etmiştir. Mümin kişinin tek görevi "Hakk'ın emirlerini yerine getirmek ve Allah'a karşı samimi olmaktır." diye söylerdi.

Hocanın kendi riyazetleri çok ağır olmuştur. 1982 Haziranında halvete girmiş, oruç bitimine kadar her akşam yalnızca tek bir zeytinle idare etmiştir. On beşinci günün sonunda bir bardak su içmiştir. Kendisi ve annesi soğan ve sarımsak yememişlerdir. Bir zeytinle tek bir marul yaprağıyla oruç tutardı. Çok namaz kılardı. Günlerce, gecelerce... İki yıl boyunca orucunu bırakmamıştır. "İtikat orucu bu... Bu asırda bir, iki kişinin çekilip bu orucu tutması lazım." derdi. Talebeleri irşat ederken de onlara durumlarına ve seviyelerine göre riyazetler verirdi, halvete sokardı.

"Tasavvuf yaşanan bir hâldir, sonradan tasavvuf diye isimlendirilmiştir." derdi.

İrşadın sözlerle değil, sessiz ve sözsüz akıtılarak verileceğini söylerdi. Talebelerine en çok tavsiye ettiği şey devamlı abdestli olmaları gerektiğiydi. Bir talebesine altı sene soğan, sarımsak yedirmemiştir. Soğan, sarımsağın düşünce gücünü zayıflattığını, bazı Esmaların işleyişini etkilediğini bildirmiştir. Konuşmazdı, idrak ettirirdi.

"Hakiki mürşit bakarak, yakarak temizler. Ben içimle bakarım, tamamen ötelerin adamıyım." derdi.

Asrının insanı olmadığı için çok üzülürdü. Bu asrın ötesindeydi. Hiç arkadaşı yoktu. "Kendimi anlatacağım bir arkadaşım bile olmadı. Bir dost bulamadım, gün akşam oldu." diye sık sık söylenirdi. Kalabalıktan hoşlanmazdı.

Kendisinin görünmüyor ve anlaşılmıyor olmasını şöyle anlatırdı.

"Bana hocam söylemişti yıllar evvel. *Seni ancak ben görebilirim. Başkası göremez.* Niçin der gibi mübarek gözlerine baktım. Gülerek bana; *sen görünmezsin de ondan* demişti. *Hocam görünmek istiyorum* dedim. *Sırası gelince görün*, dedi. Göründüm fakat göremediler. Kader böyle... Bakarlar bana gövdemi görürler. Hâlbuki ben başka yerdeyim. Günü gelince gömerler beni. Gövdemi gömerler. Orada bile başka yerdeyim. Doktor nerede, Derman ne oldu. Sana, bana olan ona da oldu. Yıllar geçti, dünya değişti, hocam göç etti. Ne var ne yok ufukta kayboldu, perdelendi. Ben öğüt tutarım. Hocamı kırmak aklımdan geçmez."

O alışılmış evliya tipinden farklı idi. Saçlar uzun, sakal yok. Ankara Haneciler Oteli'nde uzun yıllar kaldı. Zannedersiniz ki o odayı güzelce döşemiş ama öyle değildi. Bomboş bir otel odasıydı. Hoca'yı her tip insan ziyarete gelirdi. Meslek olarak, tasavvufî seviye olarak, kültürel seviye olarak. O yüzden talebeleri arasında kopukluk vardır. Hoca çok celalli olduğu için celâl meşrep olanlar ona giderlerdi.

Derman Hoca'nın talebe eğitiminde halveti kullandığını söylemiştik. Bunun yanında bazı öğrencilerine gündüz ve gece söylemeleri için salavatlar vermiştir. Virtler vermiş ama bunların sayılarını kişiye göre değiştirmiştir.

"Sayı telefon numarası gibidir. Tuşlayın istediğiniz yer çıkar." demiştir. Bununla beraber toplu zikir katiyen vermemiştir.

"Oturun, bir köşeye çekilin, ibadet edin, teheccüt namazı kılın, tefekkür edin." demiştir. Bazı talebelerine Kuran'dan belli kısımların okunması şeklinde dersler verdiği de olmuştur.

"La ilahe illallah deyin. Ama kalpten gerçekten deyin." diyerek sayılara kızdığı da olmuştur. Salavat ve virdin yanında gök aylarında üç gün oruç tutulmasını da istemiştir. Zaman zaman talebelerine zahirî sohbet yapmış, ancak bu sohbetler tek bir mevzu üzerinde durarak kısa açıklamalar şeklinde olmuştur. Kendisi talebe eğitiminde seyr u sülûku şöyle anlatır.

"Seyr u sülûkta mürit için on asıl yol belirlenmiştir. Buna usûl-ü aşere derler."

Derman Hoca'nın toplum ve halk nezdinde en büyük irşadı vaaz ve nasihatleridir. Hacı Bayram, Maltepe, Arslanhane camilerinde sık sık vaazlar vermiştir. Sadece Ankara'da değil, doktorluk görevini yaptığı Eskişehir'de de çok sayıda sohbeti olmuştur. Uzun süre vaazlarının yanında İslam Mecmuasında yazılar yazmıştır. Arslanhane Camii'nde Ramazan aylarında vaazlar vermiştir. Teravih namazından sonra dağılanlar olur, geriye kalanlarla bir saat kadar sohbet yapmıştır.

Yanına gelenlere namaz kılmaları hususunda ısrarla tavsiyede bulunur ve yumuşak konuşurdu. Her gelenin müşkülünü çözerdi. Etrafındaki sohbet halkasında memurdan esnaftan çok sayıda insan vardı. Manevi meseleleri fen ve diğer ilimlerle açıklayan Derman Hoca; " Bir din âliminin bütün fen ilimlerini bilmesi gerekir." Derdi.

2 Aralık 1989 Cumartesi, ikindi üzeri, saat 15.00 sularında gözlerini bu fâni dünyaya kapayarak Hakk'a kavuştular. Son sözü, son nasihati yoktur. Ölümünden iki yıl önce vasiyetini hazırlamış ve yakın talebelerine vermişti. Bu vasiyetnamesinde şöyle söylüyordu:

"Kalabalık istemiyorum, ölümümü ilan etmeyin. Bu dünyaya garip geldim, garip gitmek istiyorum. Tantanaya gerek yok. Cenazeme çiçek getirmesinler. Tenha bir köye defnedin beni. Şayet Ankara Memlik Köyü'ne defnederseniz memnun olurum...

Cenaze namazımı köyde kılın, sadece bir hafız Kur'an okusun o kadar...

Orası benim makamımdır. Bir müddet sonra kabrimi açsanız, beni zaten orada bulmazsınız, gider, gelirim. Beni vefatımdan sonra yirmi dört saat bekletin ondan sonra defnedin." buyurmuşlardır.

Münir Derman Hoca soğuğu çok severlerdi, sevdikleri gibi de kar yağarken gömüldüler...

3 Aralık 1989 Pazar günü Memlik köyüne götürülerek orada cenaze namazı kılındı ve defnedildi.

Hava oldukça soğuktu ve yerde kar vardı. Bir taraftan da kar yağmaya devam ediyordu. Kabristan bir tepe üzerindeydi. Tepenin altından pınarlar akardı. Yeri çok güzel, sakin ve havadardı.

Cenazesi söylediği gibi az değil, kalabalık olmuştur. Onu tanıyanlar, baş ve ayak kısmında bulunanlar Hoca'nın kendine has manevî kokusunu duymuşlardır. Vefat ettiğinde hastanede o kokuyu birçok insan hissetmiştir.

Derman Hoca ardında pek çok sevenini bırakmıştır. Manevi emanetlerini kendisine yakinen hizmet eden, ona yanaşmış sevdiklerinden birine bırakacağını söylemiş, fakat isim açıklamamıştır.

Bu "Kabir Taşım" yazısını vefat ettiği gün ölmeden önce kendisi kaleme almıştır.

"KABİR TAŞIM"

Bir gövde borcum var toprağa

Verdim borcumu

Ruhumun toprağa borcu yok benim.

Arama toprakta beni, ben başka yerdeyim.

Toprağım temizdi, temiz teslim ettim borcumu

Bu kabir ruhumla gövdemin ayrılış yeri

Burada arama burada değilim

Azapta değil narda değilim.

Dünyada haksızlık, sefalet, açlık, sıkıntı, dertlerle arkadaş yaşadım.

Şikâyet etmedim Rabbimden, bu nedir diye.

Kırklar, yediler, dörtler, üçlerle arkadaş idim.

Hızır'la konuştum, dertleştim dünya yüzünde…

Şikâyet etmedim kendi hâlimden

Nefsinle uğraşma, bu savaş değildir. Kabirde azabın esası budur.

Bırak nefsini kendi hâline. Uğraşma onunla, yakışmaz sana.

Gövde, nefs, ruh, başka başkadır.

Yekdiğerine karıştırıp çengelleme onları

Nefis dünyada kalır, gövde toprakta.

Ruh gider asıl olan Rabbine

Burada arama burada değilim.

Azapta değil, narda değilim.

Sıkıntım kalmadı, aç ve yoksul değilim.

Gövdemi verdim toprağa borçlu değilim.

Nefsimin de derdi dünyada kaldı

Üzme kendini ben de senin gibiyim.

Rabbimin yanında uçar gibiyim.

***Dr. Münir Derman Hazretlerinin hayatı hakkındaki bilgi için Elvan Sesli'nin araştırma notlarından yararlanılmıştır.**

Serinin devam kitabı "Size Bir Sır Vereceğim-2 Rüya Avcısı" çok yakında Fenomen Kitaplar'dan çıkacak.